Veinte años de literatura cubanoamericana

Bilingual Press/Editorial Bilingüe

General Editor
Gary D. Keller

Managing Editor
Karen S. Van Hooft

Senior Editor
Mary M. Keller

Assistant Editor
David C. Rubí D.

Editorial Board
Juan Goytisolo
Francisco Jiménez
Eduardo Rivera
Severo Sarduy
Mario Vargas Llosa

Address
Bilingual Review/Press
Hispanic Research Center
Arizona State University
Tempe, Arizona 85287
(602) 965-3867

Veinte años de literatura cubanoamericana

Antología 1962-1982

edited by
Silvia Burunat and Ofelia García

Bilingual Press/Editorial Bilingüe
TEMPE, ARIZONA

© 1988 by Bilingual Press/Editorial Bilingüe

All rights reserved. No part of this publication may be reproduced in any manner without permission in writing, except in the case of brief quotations embodied in critical articles and reviews.

ISBN: 0-916950-77-8
Printed simultaneously in a softcover edition. ISBN: 0-916950-78-6

Library of Congress Catalog Card Number: 87-70662

PRINTED IN THE UNITED STATES OF AMERICA

Cover design by Christopher J. Bidlack

This publication is made possible, in part, with public funds from the New York State Council on the Arts.

INDICE

Reconocimientos 9
Introducción 11

I. Cubanismo y afrocubanismo

Poesía

EMILIO BEJEL, Cuba en el humo dormido 21
LOURDES CASAL, Obbatalá 23
ALINA HERNANDEZ, Yo nací cimarrona 24
MAYA ISLAS, Mi lagarto 26
MAYA ISLAS, ¡Ocalanqué! 27
ANA ROSA NUÑEZ, Frente al mar 29
ELIANA RIVERO, Cédula de identidad 31
JOSE SANCHEZ-BOUDY, Negro tu negro, negro de serpiente 32

Cuento

MANUEL CACHAN, Agustín 33
ROBERTO G. FERNANDEZ, Los quince 36
ALBERTO ROMERO, Mi ritmo 40
JOSE SANCHEZ-BOUDY, No duermen la "madrugá" 44
JOSE SANCHEZ-BOUDY, Una premonición 47
JOSE SANCHEZ-BOUDY, El santo 50

II. Recuerdos y añoranza

Poesía

LOURDES CASAL, La Habana 1968 53
UVA A. CLAVIJO, A veces 55
UVA A. CLAVIJO, Reiteración 56
JOSE CORRALES, A Long Distance Cry 58
JOSE CORRALES, Consejos y súplicas al poeta Juan Alonso que se va de viaje 60
LUIS F. GONZALEZ-CRUZ, U.S.A. I 64

ALINA HERNANDEZ, Hoy me voy a vestir color de
patria   65
— JOSE KOZER, Evocación   66
JUANA ROSA PITA, Carta a mi isla   67
JUANA ROSA PITA, Rondas a la isla   68
JUANA ROSA PITA, Tierra nuestra   69
PURA DEL PRADO, Letanía de la patria   70
PURA DEL PRADO, Respondo yo   73
ELIANA RIVERO, Tan lejos del azúcar   75

Cuento
UVA A. CLAVIJO, Ni verdad ni mentira   77
UVA A. CLAVIJO, Tarde de domingo   82
JOSE SANCHEZ-BOUDY, La fiesta   86

III. **Raíces y familia**
Poesía
— JOSE KOZER, Abuelo enfrenta la muerte   89
— JOSE KOZER, Te acuerdas, Sylvia, cómo trabajaban
las mujeres en casa   90
ALBERTO ROMERO, Mi familia   91
OMAR TORRES, Mi madre   92

Cuento
LOURDES CASAL, Los fundadores: Alfonso   93
ANGEL A. CASTRO, En el hospital   103
MATIAS MONTES-HUIDOBRO, Sin nada que hacer   107
ANA ALOMA VELILLA, Tema y variaciones   110
ENRIQUE J. VENTURA, Pancho Canoa   115

IV. **Estados Unidos y exilio**
Poesía
EMILIO BEJEL, Tren de New Haven   123
LOURDES CASAL, Definición   124
LOURDES CASAL, Para Ana Veldford   125
UVA A. CLAVIJO, Declaración   127
UVA A. CLAVIJO, Al cumplir veinte años de exilio   128
UVA A. CLAVIJO, Miami 1980   129
RITA GEADA, Contrastes   130

MIREYA ROBLES, Feelings	131
ALBERTO ROMERO, Caminando por las calles de Manhattan	133
ENRIQUE SACERIO-GARI, Poema interreal del exiliado	134
ENRIQUE SACERIO-GARI, ... al borde de las Antillas 6to Canto	136
OMAR TORRES, Carta de un exiliado	139

Cuento

MANUEL CACHAN, Los desheredados	141
ANGEL A. CASTRO, En el manicomio	146
ANGEL A. CASTRO, El hijo yanqui	149
UVA A. CLAVIJO, La bicicleta de la peseta	153
ROBERTO G. FERNANDEZ, La llamada	159

V. Política y revolución

Poesía

UVA A. CLAVIJO, Eco de una canción	161
RAIMUNDO FERNANDEZ BONILLA, Elegía para Cuba	163
JORGE GUITART, Aventuras de Mambrú	166
JORGE GUITART, Crónica roja	167
JOSE KOZER, Mi patria es Cuba también	168
JUANA ROSA PITA, Carta al preso	169
JUANA ROSA PITA, Carta de par en par	170

Cuento

UVA A. CLAVIJO, La mancha	171
IGNACIO R. M. GALBIS, Una deuda saldada	175
JULIO MATAS, Carambola del 57	183
HUMBERTO J. PEÑA, ... Y pasó en un bar	190
JOSE SANCHEZ-BOUDY, La virtud	196

Los autores   199

A Julio, por su paciente colaboración.
S. B.

A Pablo y Eric que enlazan el pasado cubano con un futuro norteamericano.

Y a Ricardo quien confirma diariamente el presente cubanoamericano.
O. G.

RECONOCIMIENTOS

Las editoras desean expresar su agradecimiento a los autores que les han permitido reimprimir poesías y cuentos procedentes de las obras siguientes:

Emilio Bejel, "Cuba en el humo dormido". En *Del aire y la piedra*. Madrid: Librería Internacional Romo, 1974, p. 23.

Lourdes Casal, "Obbatalá", "La Habana 1968", Definición", "Para Ana Veldford". En *Palabras juntan revolución*. La Habana: Ediciones Casa de las Américas, 1981, pp. 13, 49-50, 31, 60-61.

Alina Hernández, "Yo nací cimarrona", "Hoy me voy a vestir color de patria". En *Razón del mar*. Madrid: Playor, 1976, pp. 18-19, 38-39.

Maya Islas, "Mi lagarto", "¡Ocalanqué!" En *Sola... Desnuda... Sin nombre*. New York: Ed. Mensaje, 1974, pp. 14, 25-26.

Ana Rosa Núñez, "Frente al mar". En *Escamas del Caribe*. Miami: Ed. Universal, 1971, pp. 23-25.

Eliana Rivero, "Cédula de identidad". En *Siete poetas*. Tucson, AZ: Scorpion Press, 1978, p. 50.

José Sánchez-Boudy, "Negro tu negro, negro de serpiente". En *Ekué Abanakué Ekué*. Miami: Ed. Universal, 1977, p. 30.

Manuel Cachán, "Agustín", "Los desheredados". En *Cuentos de aquí y de allá*. Miami: Ed. Universal, 1977, pp. 60-63, 49-54.

Roberto G. Fernández, "Los quince", "La llamada". En *Cuentos sin rumbos*. Miami: Ed. Universal, 1975, pp. 7-11, 31-32.

Alberto Romero, "Mi ritmo". En *Narradores cubanos de hoy*. Ed. Julio Hernández Miyares. Miami: Ed. Universal, 1975, pp. 151-155.

José Sánchez-Boudy, "No duermen la 'madrugá' ", "Una premonición", "La fiesta", "La virtud". En *Cuentos del hombre*. Barcelona: Ed. Bosch, 1969, pp. 47-51, 131-35, 69-72, 99-103.

José Sánchez-Boudy, "El santo". En *Cuentos a luna llena*. Miami: Ed. Universal, 1971, pp. 117-120.

Uva A. Clavijo, "A veces", "Reiteración", "Declaración", "Eco de una canción". En *Versos de exilio 1971-1976*. Miami: Ed. Aniversario, 1977, pp. 23-24, 57-59, 60-61, 51-52.

José Corrales, "A Long Distance Cry". En *Razones y amarguras. Poemas del que llega a los 40*. Hoboken, NJ: Ed. Contra Viento y Marea, 1978, pp. 43-44.

José Corrales, "Consejos y súplicas al poeta Juan Alonso que se va de viaje". En *Los trabajos de Gerión*. Barcelona: Ed. Rondas, 1980, pp. 32-34.

Luis F. González-Cruz, "U.S.A. I". En *Tirando al blanco*. Miami: Ed. Universal, 1975, pp. 36 y 38.

José Kozer, "Evocación", "Abuelo enfrenta la muerte", "Mi patria es Cuba también". En *De Chepén a La Habana* (con Isaac Goldenberg). New York: Ed. Bayú-Menoráh, 1973, pp. 63, 61, 71.

Juana Rosa Pita, "Carta a mi isla". En *Las cartas y las horas*. Washington, DC: Ed. Solar, 1977, p. 23.

Juana Rosa Pita, "Rondas a la isla", "Tierra nuestra". En *Eurídice en la fuente*. Washington, DC: Ed. Solar, 1979, pp. 61, 58.

Pura del Prado, "Letanía de la patria", "Respondo yo". En *La otra orilla*. New York: Ed. Plaza Mayor, 1972, pp. 17-19, 77-78.

Eliana Rivero, "Tan lejos del azúcar". En *Areíto*, 9, No. 33 (1983), p. 21.

Uva A. Clavijo, "Ni verdad ni mentira", "Tarde de domingo", "La bicicleta de la peseta", "La mancha". En *Ni verdad ni mentira y otros cuentos*. Miami: Ed. Universal, 1977, pp. 15-22, 55-60, 35-44, 25-31.

José Kozer, "Te acuerdas, Sylvia, cómo trabajaban las mujeres en casa". En *Y así tomaron posesión en las ciudades*. México, D.F.: Ed. Universidad Nacional Autónoma de México, 1979, pp. 13-14.

Alberto Romero, "Mi familia", "Caminando por las calles de Manhattan". En *Desde el pueblo donde vivo*. Hoboken, NJ: Ed. Contra Viento y Marea, 1978, pp. 51, 47.

Omar Torres, "Mi madre", "Carta de un exiliado". En *Tiempo robado*. Hoboken, NJ: Ed. Contra Viento y Marea, 1978, pp. 30, 17-18.

Lourdes Casal, "Los fundadores: Alfonso". En *Areíto*, 7, No. 26 (1981), pp. 11-14.

Angel A. Castro, "En el hospital", "El hijo yanqui". En *Cuentos de Nueva York*. Miami: Ed. Universal, 1973, pp. 61-66, 53-58.

Matías Montes-Huidobro, "Sin nada que hacer". En *Narradores cubanos de hoy*. Ed. Julio Hernández-Miyares. Miami: Ed. Universal, 1975, pp. 133-135.

Ana Alomá Velilla, "Tema y variaciones". En *Una luz en el camino*. Miami: Ed. Universal, 1976, pp. 9-15.

Enrique J. Ventura, "Pancho Canoa". En *Pancho Canoa y otros relatos*. Miami: Ed. Universal, 1973, pp. 11-19.

Emilio Bejel, "Tren de New Haven". En *La Revista del Sur* (Malmö, Suecia), 1, No. 2 (1983).

Uva A. Clavijo, "Al cumplir veinte años de exilio", "Miami 1980". En *Entresemáforos*. Miami: Ed. Universal, 1981, pp. 45, 49.

Rita Geada, "Contrastes". En *Vertizonte*. Miami: Hispanova de Ediciones, 1977, p. 46.

Mireya Robles, "Feelings". En *Siete poetas*. Tucson, AZ: Scorpion Press, 1978, pp. 80-81.

Enrique Sacerio-Garí, "Poema interreal del exiliado", ". . . al borde de las Antillas. 6to Canto". En *Poemas interreales*. Emigsville, PA: Progressive Typographers, 1981, pp. 9, 46-48.

Angel A. Castro, "En el manicomio". En *Cuentos del exilio cubano*. New York: Lectorum, 1970, pp. 63-71.

Raimundo Fernández Bonilla, "Elegía para Cuba". En *Hermas Viales*. New York: Ediciones Exilio, 1972, pp. 58-60.

Jorge Guitart, "Aventuras de Mambrú". En *El Urogallo* (Madrid), 1975.

Jorge Guitart, "Crónica roja". En *Punto Cardinal* (Miami), 1970.

Juana Rosa Pita, "Carta al preso". En *Pan de sol*. Washington, DC: Ed. Solar, 1976, pp. 16-17.

Juana Rosa Pita, "Carta de par en par". En *Mar entre rejas*. Washington, DC: Ed. Solar, 1977, p. 29.

Ignacio R. M. Galbis, "Una deuda saldada". En *Trece relatos sombríos*. New York: Senda Nueva de Ediciones, 1979, pp. 11-18.

Julio Matas, "Carambola del 57". En *Erinia*. Miami: Ed. Universal, 1971, pp. 79-87.

Humberto J. Peña, ". . . Y pasó en un bar". En *Ya no habrá más domingos*. Miami: Ed. Universal, 1971, pp. 47-54.

INTRODUCCION

La literatura cubanoamericana: Rasgos y definiciones
   Esta antología ofrece al lector una selección de literatura cubanoamericana.[1] No es esta una compilación simplemente de poesía y cuentos escritos por cubanos que residen en el exilio. Se trata de un esfuerzo por definir los rasgos que caracterizan a la literatura escrita en los Estados Unidos por autores nacidos en Cuba, que van adquiriendo conciencia de una identidad cubanoamericana. Es preciso establecer los contornos de lo que definimos aquí como literatura cubanoamericana. La característica más destacada de esta literatura es que está escrita por autores que residen en los Estados Unidos desde 1970 al menos, o sea, hace más de diez años. Además, la literatura cubanoamericana considera como única temática la experiencia cubana tanto en Cuba como en los Estados Unidos. Se dan, entonces, dos vertientes de esta literatura:
   1. Una literatura realista y localista que trata sobre la historia y la cultura cubanas, en Cuba y en su adaptación a los Estados Unidos.
   2. Una literatura mítica y universal que trata sobre la mitología cubana en su búsqueda de raíces universales para traspasar la crisis del destierro.
   Por lo tanto, incluiremos en esta antología no sólo poesías y cuentos realistas y regionales, sino también otros que comparten la honda preocupación cubanoamericana por el desarraigo, llevando este tema específico a un ámbito filosófico más general y universal.

La literatura cubanoamericana como literatura étnica en los
Estados Unidos
   La literatura étnica en los Estados Unidos cobró importancia, sobre todo, desde la inmigración masiva del siglo XIX. A principios del

siglo XX obras como *The Rise of David Levinsky* (1917) de Abraham Cahan, *Giants in the Earth* (1927) de Rølvaag y *Williamsburgh Trilogy* (1934-1937) de Daniel Fuch imparten ímpetu a la literatura étnica. Estos autores escribían en inglés e ilustraban los conflictos del inmigrante en los Estados Unidos.

A partir de 1960, el auge mundial de movimientos étnicos en países como Irlanda, Francia, Holanda y España también repercute en los Estados Unidos. Es entonces que el negro y los dos grupos hispanohablantes más numerosos en los Estados Unidos, el mexicoamericano y el puertorriqueño, comienzan a exigir sus derechos civiles. Esto coincide también con la llegada a los Estados Unidos de la primera ola de cubanos (1959-1962), que rápidamente establecen escuelas bilingües en las que se enseña en español. El interés por la instrucción en español une a los cubanos a los otros grupos hispanos en su abogacía por la Ley de Educación Bilingüe (1968). Desde entonces, el uso del español cobra auge, no sólo en la instrucción pública, sino también en elecciones, procesos judiciales, servicios sociales y por supuesto, en la literatura.

Para evaluar la literatura cubana como literatura étnica, tendríamos que comenzar por enlazarla con la literatura de los otros dos grupos hispanos principales en los Estados Unidos: el mexicoamericano y el puertorriqueño. Es importante destacar que, tanto la literatura mexicoamericana como también la literatura nuyorriqueña[2] gozan de un auge crítico en los Estados Unidos. Desde la década de 1960, el establecimiento de programas universitarios de estudios mexicoamericanos y puertorriqueños dio el ímpetu necesario para el desarrollo de una vasta y rica literatura. Esta literatura representa, mayormente, un apoyo a esos grupos minoritarios en su lucha contra la injusticia y la discriminación mayoritarias.

Tanto los puertorriqueños como la mayoría de los mexicoamericanos son ciudadanos norteamericanos. A pesar de la constante migración de ambos entre su respectivo país de origen y los Estados Unidos, muchos de ellos han vivido en contacto con la cultura norteamericana y con la lengua inglesa durante varias generaciones. Las literaturas nuyorriqueña y chicana sirven, por lo tanto, de vehículo para definir, categorizar y preservar el grupo étnico ante el avance de la cultura dominante anglosajona.

¿Cómo podríamos evaluar la literatura cubanoamericana frente a la mexicoamericana y puertorriqueña? Hay dos factores importantes que caracterizan a los escritores cubanoamericanos y que tienen hondas consecuencias en el desarrollo de esta literatura:

Introducción 13

1. A diferencia de los escritores mexicoamericanos y nuyorriqueños, la mayoría de los escritores cubanoamericanos pertenece a una primera generación de inmigrantes.
2. A diferencia de los escritores mexicanoamericanos y nuyorriqueños, la mayoría de los escritores cubanoamericanos proviene de clase media o profesional formada ya en Cuba.

Consideremos entonces el primer factor, el hecho de que, dado lo reciente de la inmigración cubana, la literatura cubanoamericana está escrita por escritores de una primera generación. Algunos de los autores incluidos en esta antología, como Julio Matas, Matías Montes-Huidobro, Ana Rosa Núñez y Alberto Romero, iniciaron su carrera literaria en Cuba. Muchos otros, a pesar de haber publicado por primera vez en los Estados Unidos, cursaron sus estudios universitarios en Cuba y vinieron aquí con un hondo conocimiento de la cultura cubana y de su lengua. Por lo tanto, la mayor parte de la literatura cubanoamericana se escribe en español. Son pocos, en general, los que escriben en inglés o los que usan el intercalamiento lingüístico como técnica expresiva. De los autores antologados podríamos señalar, entre estos últimos, a José Corrales, José Kozer y Enrique Sacerio-Garí.

El hecho de que la literatura cubanoamericana esté escrita por autores de primera generación tiene también consecuencias temáticas. La literatura cubanoamericana se muestra más interesada en Cuba y sus raíces que la mexicoamericana y la nuyorriqueña en sus respectivos países de origen. Así, no nos ha sido posible omitir la temática sobre Cuba, sus tradiciones y el hecho histórico que causa el destierro: la revolución castrista. Es obvio que estos acontecimientos y valores del país de origen ejercen todavía una honda influencia en el carácter literario que vamos definiendo como cubanoamericano.

La experiencia reciente del éxodo vuelca más la literatura cubanoamericana hacia el pasado y la añoranza de lo perdido. En cambio, las literaturas mexicoamericana y nuyorriqueña muestra una posición activista y militante ante la actitud discriminatoria de la mayoría anglosajona en el presente. Frente al activismo étnico de autores mexicoamericanos tales como Rolando Hinojosa y Tomás Rivera (recientemente fallecido), y del poeta puertorriqueño Tato Laviera, los escritores cubanos se muestran apacibles y nostálgicos.

Como segundo factor importante para discernir la diferencia entre la literatura cubanoamericana y la mexicoamericana y nuyorriqueña hemos señalado el hecho de que los escritores cubanoamericanos que llegaron a los Estados Unidos durante la primera ola (1959-1962) y la segunda (1965-1968) formaban parte, en Cuba, de una clase media o profesional. A pesar de que los rasgos de su literatura nos muestran que el cubanoamericano no se ha asimilado ni lingüística ni culturalmente a los Estados Unidos, la asimilación estructural de muchos de ellos, es decir, su éxito económico y su participación en la actividad comercial y financiera de este país ha sido casi total. Muchos de los escritores aquí incluidos como Luis González-Cruz, Rita Geada, Maya Islas, Julio Matas, Matías Montes-Huidobro, Eliana Rivero, José Sánchez-Boudy, etc., son profesores universitarios en los Estados Unidos. Los conflictos que estos encuentran con la sociedad norteamericana son más bien internos que externos. Es decir, el cubanoamericano siente su escisión cultural y lingüística ante la sociedad norteamericana, pero no se siente discriminado, acechado o perseguido por ella. Por lo tanto, la literatura cubanoamericana no incluye la necesidad de mostrar un activismo étnico en lucha contra la sociedad anglosajona.

A diferencia de la literatura mexicoamericana y la nuyorriqueña, en la literatura cubanoamericana la etnicidad queda definida no como diversidad y diferencia en continuo choque con la cultura dominante, sino como apego a los antepasados y a las tradiciones del país de origen. La literatura cubanoamericana manifiesta un fenómeno que no se reconoce frecuentemente en los Estados Unidos: el hecho de que la incorporación estructural y económica a la mayoría hace posible la preservación y categorización del grupo étnico y minoritario. La falta de asimilación cultural y lingüística de muchos de los cubanoamericanos se realiza sin que haya gran oposición por parte de la mayoría anglosajona.

Como ya se ha aclarado, los dos factores distintivos de la literatura cubanoamericana (el hecho de que sus autores llevan pocos años en los Estados Unidos y que pertenecen, en su mayoría, a una clase profesional formada en el país de origen) la diferencian de la mexicoamericana y la nuyorriqueña. Sin embargo, es importante destacar que la literatura cubanoamericana comparte con la mexicoamericana y la nuyorriqueña el apego al español y a las tradiciones hispánicas, y también la preocupación por el ser escindido y dividido que es el hispano en los Estados Unidos.

La literatura cubanoamericana en el futuro

A partir de 1980, la llegada de miles de cubanos por el puerto del Mariel ha suscitado cambios en la actitud de muchos norteamericanos en cuanto a los cubanoamericanos. Esto se debe a que un número con-

Introducción 15

siderable de estos refugiados es de origen humilde y no pertenece a la raza blanca; como también se sabe, entre ellos hay un grupo de personas que antes de su exilio se encontraban cumpliendo condenas judiciales en las cárceles cubanas.

Por el Mariel también llegaron a los Estados Unidos famosos escritores cubanos como Reinaldo Arenas, Juan Abreu, Reinaldo García Ramos, Luis de la Paz, Ismael Lorenzo y Carlos Victoria. Estos se han unido a otros escritores cubanos de fama mundial que residen tanto en Europa como en los Estados Unidos, para perfilar la literatura cubana en el exilio. Tendríamos que mencionar, entre estos últimos, los nombres de Armando Alvarez Bravo, Antón Arrufat, Gastón Baquero, Guillermo Cabrera Infante, Belkis Cuza Malé, Enrique Labrador Ruiz, Carlos Alberto Montaner, Lino Novás Calvo (recientemente fallecido), Heberto Padilla, Hilda Perera, Severo Sarduy, José Triana y Armando Valladares. No incluimos a ninguno de estos importantes autores cubanos en nuestra antología, ya que sus obras no cabrían dentro de nuestra definición de literatura cubanoamericana.

Tal vez dentro de veinte años, cuando la literatura cubana de los escritores del Mariel, junto a la de los que se nombran en el párrafo anterior, empiece a definirse como literatura cubanoamericana, veremos algunos cambios en las características que hoy señalamos. En primer lugar, para el año 2000, ya habrá una abundante literatura cubanoamericana escrita por autores de una segunda generación. Suponemos entonces que esta literatura mostrará más profunda influencia del inglés y de la cultura norteamericana, comparada con la que notamos ahora. En segundo lugar, ya los escritores del Mariel, representativos de una población menos elitista, habrán pasado por una vivencia norteamericana. Suponemos también que muchas de sus obras adquirirán el tono activista y de protesta de gran parte de la literatura hispana en los Estados Unidos.

Límites de esta antología

Al compilar esta antología nos hemos limitado al cuento y a la poesía por razones de extensión. De más está decir que existen tanto un teatro cubanoamericano, representado en varias obras de José Corrales, Matías Montes-Huidobro, José Sánchez-Boudy y Dolores Prida, como una novela cubanoamericana, género cultivado por Juan Arcocha, José Sánchez-Boudy, Hilda Perera, Roberto Fernández y Omar Torres, entre otros. Sin embargo, creemos que la literatura cubanoamericana se va definiendo mejor a través de la poesía. Quizás esto se deba a que ese género literario, por su corta extensión, se presta a publicarse como un esfuerzo individual, sin apoyo gubernamental ni social. Es, por lo tanto, el género que obtiene mayor desarrollo en un ambiente estadounidense adverso al español, y en el que las posibilidades de publicación son pocas. La poesía es también vehículo de apoyo al mundo interior de la mitología cubana. De ahí que sea el género que más se aleja de la tendencia propagandista de la literatura cubana (tanto en Cuba como en el exilio) y que más desarrolla la universalidad del ser escindido cubanoamericano. No nos sorprende, pues, que en la poesía resida la esencia actual de esta literatura que vamos denominando cubanoamericana.

Hemos tenido también que establecer límites cronológicos. Nuestra selección se limita a los autores nacidos en Cuba que vivieron allí hasta los diez años al menos, pero que llegaron a los Estados Unidos antes de 1970. O sea, todos los autores aquí antologados viven en los Estados Unidos desde hace más de una década.

Además, nos hemos limitado a escritores nacidos a partir de 1926. Es decir, esta selección casi coincidiría con los autores cubanos que José Juan Arrom clasifica como de la generación reformista (los nacidos entre 1924 y 1954) y con los que Raimundo Lazo consideraría como de la cuarta generación republicana (los nacidos de 1930 a 1943).

Hay dos figuras importantes dentro del movimiento literario y crítico cubanoamericano que nos han impuesto, asimismo, la fecha límite de 1926. Se trata de la poeta Ana Rosa Núñez y el escritor José Sánchez-Boudy. Ambos nacieron antes del año 1930 (1926 y 1928 respectivamente). La literatura cubanoamericana empieza a definirse a través de la obra de ambos, y una antología de literatura cubanoamericana debe, forzosamente, incluirlos.

El hecho de limitarnos a escritores nacidos después de 1926 es, precisamente, lo que explica la omisión en nuestra antología de escritores como Lydia Cabrera, Enrique Labrador Ruiz y Lino Novás Calvo. También queda omitido Eugenio Florit, a pesar de que se le puede considerar como precursor de la literatura cubanoamericana, ya que la ha cultivado a través de muchos años de residencia en los Estados Unidos.

Las poesías y los cuentos quedan agrupados no por autor, sino por temas. Un previo análisis sociolingüístico de contenido de una muestra de literatura cubanoamericana más numerosa[3] nos reveló los cinco temas más frecuentes en esta literatura. Estos son los que hemos escogido aquí para la agrupación temática:
  1. Cubanismo y afrocubanismo

2. Recuerdos y añoranza
3. Raíces y familia
4. Estados Unidos y exilio
5. Política y revolución
   Hemos hecho una selección equilibrada de obras que ilustran estos temas étnicos, tomando en cuenta también su calidad literaria.

Características de las obras aquí incluidas

Entre los autores antologados, podemos discernir las dos tendencias de la literatura cubanoamericana que habíamos definido anteriormente. La vertiente realista y localista está representada por cuentistas como Angel Castro, Uva Clavijo, Roberto Fernández, Humberto Peña, Alberto Romero, José Sánchez-Boudy y Enrique Ventura. La poesía de Lourdes Casal, Uva Clavijo, Pura del Prado y José Sánchez-Boudy también cabría dentro de esta tendencia.

Dentro de la segunda vertiente, la que trasciende lo local y lleva la mitología cubana a un plano universal, podríamos señalar, sobre todo, la labor poética de Emilio Bejel, José Corrales, Maya Islas, José Kozer, Juana Rosa Pita y Enrique Sacerio-Garí. Aunque entre los cuentistas esta vertiente se cultiva menos podríamos destacar la cuentística de Julio Matas, una mezcla de absurdo, fantasía y realidad, como una de las inclinadas hacia ese plano.

Dado su carácter de literatura escrita por autores de primera generación y de clase media, la literatura cubanoamericana logra no reducirse a la temática realista del activismo étnico, y cultiva las exigencias formales del realismo mágico, del surrealismo, del existencialismo y del neo-barroquismo latinoamericano. Sin embargo, hay en esta búsqueda de una forma, un intento desesperado por encontrar un público-lector que escasea.

La juventud cubanoamericana que vive y crece en los Estados Unidos generalmente no comparte el entusiasmo literario por la producción en un español purista, académico y oficial; no comparte, en su mayoría, la añoranza de Cuba ni la vivencia del paisaje cubano. Comparte, sí, la cultura, la tradición y las raíces que sus padres han sabido impartirles, además del sentimiento de un vivir escindido. Es por esto que, tal vez, la literatura cubanoamericana, para subsistir en un futuro, tendrá que olvidarse de la temática realista y mítica de antaño y escoger entre dos alternativas:

1. Unirse a la literatura de protesta mexicoamericana y nuyorriqueña, exponiendo las experiencias del cubanoamericano en los Estados Unidos en choque con la cultura anglosajona; esto

tendrá que hacerse con reconocimiento de la influencia del inglés en el español de los Estados Unidos y de la vivencia norteamericana de los jóvenes.

2. Unirse a la literatura universal de la América hispanohablante en su búsqueda angustiosa del ser hispanoamericano y del idioma español.

Tendremos que esperar otros veinte años para determinar si el carácter étnico de la literatura cubanoamericana se intensificará (como lo han hecho la mexicoamericana y la nuyorriqueña) o si simplemente desaparecerá, para transformarse, o bien en una literatura universal hispanoamericana escrita en español, o en un tipo de literatura norteamericana étnica escrita en inglés (como les ha sucedido a las literaturas italiana y judeo-alemana en los Estados Unidos). Sospechamos que, si el presente es indicativo del futuro, la literatura cubanoamericana tomará el primer curso: se adaptará a las exigencias del nuevo ambiente y aceptará las influencias inevitables del inglés en el español, sin perder su carácter particular y cubano.

Agradecimientos

En el verano de 1981 y bajo los auspicios del National Endowment for the Humanities, pasamos dos meses en un seminario dirigido por el profesor Joshua A. Fishman de Yeshiva University en la ciudad de Nueva York. El tema de este seminario fue "Language Maintenance and Shift Among American Ethnolinguistic Minorities". Bajo la dirección de este conocido sociolingüista se desarrolló nuestro interés en la investigación del elemento étnico dentro de la literatura cubanoamericana. Nuestras gracias más expresivas van dedicadas al Dr. Fishman, que nos dio su apoyo y sus sabios consejos en esta empresa.

Agradecemos, también, a los escritores aquí incluidos que nos enviaron sus obras y prestaron su colaboración a este proyecto.

OFELIA GARCIA
SILVIA BURUNAT
THE CITY COLLEGE OF CUNY

Notas

[1] A pesar de que cubanoestadounidense sería el término apropiado para esta literatura, adoptamos la voz más común de cubanoamericana. Entiéndase esta última, sin embargo, como cubanoestadounidense.

[2] Escogemos el vocablo nuyorriqueña para designar la literatura escrita por autores puertorriqueños en los Estados Unidos sobre temas que atañen a los mismos. A pesar de que esta literatura se desarrolla no sólo en Nueva York sino también en otras ciudades de los Estados Unidos como Chicago, es precisamente en Nueva York donde obtiene conciencia de sí misma a través de la labor pionera del Centro de Estudios Puertorriqueños de CUNY, entre otras instituciones.

[3] Agradecemos la cooperación prestada por el Dr. Michael Gertner de Yeshiva University en el análisis de contenido de muchos cuentos cubanoamericanos.

I. Cubanismo y afrocubanismo

Emilio Bejel

cuba en el humo dormido

mañana cuando te levantes
verás las yerbas coquetear con el viento
y mirar por sobre el hombro de una vecina
la margarita recién nacida
y verás la ceiba corpulenta discutir con la palma que sujeta el sol
y verás el toro cósmico y erguido
con los cuernos en el cielo y las patas de carbón
ya la noche se acuesta en el penacho de una palma real
los brazos atados de la vida se alzan corpulentos para sostener un nido
                                                              de hojas verdes
tiemblan como trueno el silencio y la negrura
el peso infinito de los sueños sin líneas se desborda por los lados del
                                                                             tiempo
humo invisible que llega a todas partes
ya atlas ligero soltará la tierra que parece una luna flexible
y libre como nube de primavera
se colgará de un lucero sin atmósfera
el ojo matemático de una giralda católica
descansará los brazos tensos y se olvidará de los números
hoja y viento humo y onda
otoño de plumas será el firmamento verde de un caimán inclinado
y volverás a preguntar por los sueños verdes
                                        por las flores blancas
                                        por el árbol fuerte
y otra vez volverá la noche soñolienta a descansar sobre la estirada
                                                                              palma

tenso es el brazo fuerte la espalda
que sostiene la luna

son firmes las columnas que se derretían con la noche
y atlas bailarín ha vuelto a su faena

Lourdes Casal

Obbatalá

Obbatalá llega con sus ropajes blancos.
Llega calladamente,
en un susurro,
como habla.
Obbatalá llega con túnicas flotantes
y le sientan
tembloroso, sobre una estera.
Babalocha
lee en los ojos de sus hijos
todo lo que puede apartarse de los designios de Olodumare
Está viejo, cansado,
pero cumple incesantemente sus tareas.
La niña de las trenzas de azabache
y el vestido de encaje
se postra frente al anciano tembloroso.
Lleva al cuello una finísima cadena de plata
casi invisible.
El anciano le habla en el oído.
Ahora es la niña la que tiembla.

Alina Hernández

Yo nací cimarrona

Yo nací cimarrona.
Rompo el yugo
que me amarra al presente,
y corro, como una niña nueva
al encuentro neblinoso y extraño
de mi suelo.
Yo nací donde el sol era distinto,
en una zona dulce y marinera,
que tostaba a los negros
de otra forma,
y sembraba en la piel de los blancos
el color de la duda.

Yo crecí monte adentro,
en un barrio con nombre de hortaliza,
donde un río pequeño y petulante
tenía su historia de aparecidos.
Y donde los más viejos cortaban secas
y enderezaban huesos,
y sacaban del cuerpo cualquier daño.
Y donde por un tiempo
ignoré que todo el mundo no era bueno.

Mi embrión es puro,
cercado de montañas y de pueblos,
y de amigos con nombres imposibles;
Capanda, Panadero y Bulula.
Y Popolo con su vara en el hombro
cargada de corojos.
Y Dingo, tan bonita. Y Fidencio. Y Rosenda.
Yo crecí monte adentro,
donde el amor era un instinto
dibujado en la piel.
Y donde nadie era mejor que nadie,

en cuanto atardecía.
Mi tierra primitiva, mi cuna.
Echo la mente atrás y me veo,
un corazón de nueve años
que no volvió jamás a su lugar de origen.

Maya Islas

Mi lagarto

La Tierra mía se me retuerce;
la recuerdo
con su olor a selva,
y su respirar de animal herido.
Se me envuelve la idea
que la fuerza divina
me la fue estrujando ...
... quitándole trozos ...
... cortándola;
como un barco de juguete
que se cayó en la corriente
y va navegando de lado ..
... Porque no quiso ser redonda
ni cuadrada,
sólo un garfio en la boca del planeta;
mi lagarto ...
mi lagarto con olor a rosas,
pequeño y perdido,
... mi verde Juana ...
... mi animal herido

Maya Islas

¡Ocalanqué!

Repica el cuero caliente
y en risas se desbarata,
con una pasión ardiente
que suda tierras de Africa.

El aire en metamorfosis
de espacio se vuelve fuego,
el eco de los tambores
en lucumí rezan versos.

Las Beldades del Yoruba
se empiezan a vestir de gala,
y ensayan en el espacio
el bembé que harán de entrada.

. . . Y aparece la mulata
con su repique de sayas . . .

Mulata . . ., vestidos de oro cubren
tu sangre negra cubana,
revuelo de sayuelones
cuando el batá da la entrada.

Tu canto quiebra en el aire
con sonido de maracas . . .
la noche mueve cinturas
por tu voz arrebatada.

Gritos nacen de los cueros
rimando los versos negros,
tu voz clara se levanta,
tan alta que causa miedo.

La miel corre por las bocas
en desenfrenado anhelo,
los tambores casi lloran
en lágrimas de repiqueteo,
Salve la Reina de Oro,
dueña de ríos guerreros.

Repica un sudor de plata
sobre el color del betún,
la noche se pone de parto
¡para dar a luz a Ochún!

Se duerme la noche mansa . . .
y hay ojos que arrastran sueño,
se aleja la noche mulata
¡moviendo caderas al viento!

. . . Y un toque conmueve almas
en un dulzón movimiento,
¡tan alto como las palmas
cubanas de nacimiento!

. . . Y se aleja la mulata . . .
. . . allá la ves . . . a lo lejos.

Ana Rosa Núñez

Frente al mar

Como alba trajinada regresa la ola:
paloma sin fecha exacta
de tiempo alzada.

En la Antigua Casa del Mar; tú,
vara del Alcalde que vas diciendo Habana
con la voz más clara.

Dando de comer a las aves; faro,
eres el día para decir adiós
y la noche para encontrarte.

El mar fue senda y es milagro;
la tierra está hecha de nuestro asco indomable.

La espuma recoge el efímero placer;
la ola, el incesante tormento
de la vida.

No hay fin.
El mar nos devuelve en espuma
la jornada del delfín.

Dijo el pez de la concha;
el mar cansado de su danza
deja sobre la arena sus castañuelas.

Caracol: marino vitafón.
¡Préstame tu voz!

En el seno de la ostra
la perla es una luna
en el pliego de un recuerdo.

Triunfa el color del ártico
en los mares del trópico:
Bandada de gaviotas.

Tu homenaje, mar;
tu vena más importante
para la anémona.

En el humo del barco
se alza la verdad del fuego.
¡Oh imagen perfecta de Leteo!

El pez —verbo del Evangelio—
lleva en la escama
su reino.

La paloma —como la ola—
tras tanto ir y volver
es otra.

Desde la tumba de las gaviotas,
inspiran su ruta las olas.

Faro del Morro: Polifemo tropical
tú eres la cruz bendiciendo el horizonte.
¡devuélvenos la señal!

Las garzas de mis playas en su vuelo
se llevan la ciudad.
¡Dejad las piedras en su lugar!

Sobre la Aurora
cae el polvo de las mariposas.
¡Quién pudiera inventarle alas a la costa!

Eliana Rivero

**Cédula de identidad
(Documentos para la serie)**

Cabeza indefinible.
Ojos firmes, color más o menos subido.
Labios que raramente callan.
Nariz que huele compromisos
y los aplaude.
Nacimiento: seguro, aunque tardío.
Sexo: fuerte, obviamente.
Domicilio: temporal, como el de todos.
Familiares más cercanos: en gran número,
saliéndose por las hendijas.
Profesión: sembradora por natural inclinación,
maestra en ejercicios, madre cuando puede.
Aficiones sospechosas: escribe
(pero jura que nadie le hace caso).
Siente además una curiosidad enorme
por los pelícanos,
por el cultivo de la caña de azúcar.
Nacionalidad . . .*

(*N. del R. Aquí se quedó muda la entrevista.
Le aconsejamos regresar otro día, sin lágrimas.)

José Sánchez-Boudy

Negro tu negro, negro de serpiente

Negro tu negro, negro de serpiente
negrea tu mano en negror de orisha
negro el negror, negror de tu desdicha.
Nganga que toca tu negro de serpiente.

Negro de negro, con el negror de Ikú
tu sangre impera un negro de venero,
negro el destino, Sikán negro de cuero;
tu negro negro traición hiciste tú

Sólo lo blanco sobre el negror convierte
el negro de tu ser en yerbabuena.
Vas el Fambá entonces, y azucena.

Sólo lo blanco sobre el negror convierte
tu silla de la puerta en caminante,
mujer de Orú Apapá; tinaja trashumante.

Manuel Cachán

Agustín

Ah, pero ellos no lo saben,
no comprenden la cantidad de hombre
que hay en tu niño,
no comprenden lo hombre que tú has tenido que ser
para salvar tu niño,

—Manuel del Cabral

Sabina parió el mismo día que el alcalde tomó posesión de su cargo. La casa se había llenado de mujeres. Algunas calentaban agua, otras daban carreritas hacia el interior del cuarto donde estaba Sabina. La negra estaba pálida, sudorosa y con unos dolores que desfiguraban su rostro a cada movimiento.
El niño nació a las cuatro y doce minutos de la tarde. Con los ojos abiertos, sin lanzar un chillido, y con dientes. Lo vistieron de azul, se encendieron doce velas a la Virgen de los Milagros y Emeterio invitó a beber a medio pueblo.
—Me cago en su estampa, si hasta con dientes nació el crío . . .
—¿Con dientes?
—¡Sí . . . ! ¡Y con los ojos abiertos!
—¿Abiertos?
—Y no lloró, ni dijo esta boca es mía . . . ¡Se aguantó como todo un hombre la jodedera esta de nacer! . . .
—Tienes que consultar eso con alguien, no es normal . . .
—¡Envidia! Envidia . . .
A las ocho y media de la noche Emeterio estaba tan borracho que no se podía mantener en pie. Dos minutos más tarde, cuando su estómago vomitaba sobre las tablas del piso de la tienda, su mujer se moría. La sufrida negra que tanto había parido en su vida no pudo soportar la hemorragia que a borbotones le salía de las entrañas. Las sábanas se cambiaban a cada momento, pero la mancha roja continuaba empapándolo todo, con cierto desprecio a la blancura de la cama, en un pringado que se extendía como mortaja que llamaba patéticamente a la muerte. Las curanderas nada pudieron hacer, ni las telarañas, ni las hojas del almendro, ni los emplastos calientes de ubre de chiva pa-

rida, pudieron detener la sangre que se escapaba. Murió ceniza, sin suficiente sangre en las venas para producir un conteo. El médico llegó demasiado tarde y se dedicó a extender el certificado de defunción.

—Ustedes las matan y yo tengo que cargar con las culpas . . .

Por la calle de Colón arriba, con un toque beodo de aguardiente de caña con tambor africano, las gentes desfilaban hacia la casa de Emeterio. Inés, Romualda y la Juanita, las tres curanderas, vestidas de negro, derrumbadas sobre los sillones de la pequeña habitación en penumbras, dormitaban. Los negros sudaban, bebían sin descanso y tocaban rítmicamente los cueros de chivo de los largos tambores, bendecidos dos generaciones atrás. Después todo se fue calmando. Llegaron las vecinas, la familia, los otros hijos, el cura. Los padrenuestros y avemarías retumbaban toda la casita de tejas canaladas que había construido el gallego Emeterio hacía doce años, con la misma intensidad que el tum-tum de Changó.

El entierro fue majestuoso, lleno de flores blancas y coronas de rosas que dejaron un oloroso perfume en todos los rincones de la casa. El ataúd, con brazos de bronce forrado en terciopelo negro, lo mandaron a traer expresamente de la ciudad. A Sabina la habían vestido de blanco y colocado una corona de azahares sobre su cabeza. En el Liceo no se oyó música ese día, ni a la mañana siguiente, cuando la procesión salió por la calle Vespucio abajo con rumbo al cementerio. El nicho de cemento pulido, con una lápida en mármol que tenía grabado el nombre de la familia, dejaba leer el pensamiento escogido por la propia Sabina cuando Emeterio lo mandó a construir años atrás: "Yo fui como tú eres, tú serás como yo soy".

El silencio imperó en el recinto de tierra colorada y fangosa, sólo se oía el trajinar del enterrador removiendo la pesada tapa de la tumba.

—¡Una manita, carajo!
—Ayúdalo, Juan . . .
—Espérese compadre . . .
—Vamos . . .
—A mí me dan escalofríos estas cosas . . .
—¡Que no se diga!

No se despidió el duelo, sólo las flores fueron las últimas formas que acompañaron a Sabina a podrirse. Duraron cinco días más, tétricas y solitarias sobre la tapa de la sepultura; después, con el calor de los días que siguieron, se volvieron una pasta sin aroma, ni color, apestosas y deformes entre los nichos de cruces y leyendas.

—¿Dónde está Emeterio?

—En la casa...
—Vamos a hacerle compañía, el pobre...
—Déjalo, es mejor dejarlo...
—Sí, ha sido terrible...
Emeterio estaba durmiendo, dormido y borracho.
El niño nació un fenómeno, a los tres meses caminaba, a los cinco balbuceaba palabras, al año ya sus hermanas le habían enseñado a leer el periódico. Emeterio lo veía crecer rápidamente, hacerse hombre sin tener aún la edad para ello. El médico se lo llevó a la capital, lo vieron los mejores especialistas del país. El Dr. Rojas volvió con el 'fenómeno', como ya comenzaban a llamarlo, un martes casi amaneciendo. Emeterio le estrechó la mano al médico y besó al niño en un cachete.
—¿Qué dicen los especialistas, doctor?
—Nada...
—¿Tiene cura?
—En Brasil se dio un caso parecido a éste. A los nueve años el niño murió, su físico era el de un anciano de noventa años...
—¿Tiene cura?
—Me dijeron que tu hijo tiene ahora una edad aproximada de veinte años físicos, así que no lo dejes acercarse por la casa de las putas... je, je, je...
La risa le salió fingida, triste, sin eco.
—¿Tiene cura?
—Las medicinas que se conocen pueden prolongar una vida que...
—¿Tiene cura?
—¡No!
Emeterio se fue del despacho del doctor Rojas y caminó calle arriba en dirección a su tienda. El padre del 'fenómeno' se detuvo en medio de la plaza de Bolívar y levantando sus brazos al cielo imploró un milagro... Después, cuando el cielo no contestó, se perdió por entre los portales viejos de las casas que circundaban la plaza, repitiendo sin cesar, como un estribillo, una oración franciscana. Su hijo, con una voz gruesa de adulto, le aseguraba:
—¡No te preocupes, papá! ¡Me enseñas en una vitrina y cobramos la entrada!
Emeterio no contestó, pero mentalmente se imaginó el precio.

Roberto G. Fernández

Los quince

—¡Natalia, apaga la lu que no vamo a tenel pa' la fiesta!
Ya hacía más de tres años que el matrimonio Rodríguez-Pérez se encontraba en pleno plan de ahorro. Miguel trabajaba en una fábrica de carteras y su esposa, Natalia, era conserje de una de esas escuelas sintéticas que tanto abundaban por el barrio en que vivían. Solamente tenía la feliz pareja una hija, Sarita. Era la niña una personalidad eclipsada por las circunstancias.
Estudiaba Sarita en un colegio privado, "La Academia del Saber". Casi todo el sueldo de su madre se empleaba en la educación de la señorita.

* * *

—Sarita, mañana tiene que il a la costurera.
—Sí, mamaíta.
"¡Tener que ir a la costurera! En esta casa todo es tener que... No puedo poner el radio pues se gasta electricidad. No puedo ir a la playa pues se gasta gasolina. No me dejan salir pues no tengo edad suficiente. Y para el colmo el perenne: "Todo lo hacemos por tu bien, criatura. Ya verás qué fiestona te vamos a dar. ¡La de Conchita García no va a ser ni la chancleta de la tuya!"
Sarita, haciéndose la que leía, pensaba en la costurera. Ella que se sentía tan feliz con sus pantalones mecánicos. Además, no era del todo esbelta. Las inyecciones de aceite de hígado, las vitaminas, y sobre todo la leche evaporada con mermelada de guayaba y malta, al llegar la edad del desarrollo, la habían convertido en una hermosa damita de ciento ochenta libras.
La voz de Natalia la sacó de su ensueño:
—Sari, a comé. Miguel vamos a tenel que llevarla al médico. ¡Ultimamente está muy desganá!
Sara se acomodaba en la silla frente a aquel plato que tenía aspecto de cazuela: arroz, frijoles, plátanos, papas fritas, biftec empanizado, y a su derecha un plato de sopa de pollo, de aquellas que levantan un

muerto. Miró la comida y resignada se la devoró. Natalia, satisfecha, sonreía de placer.

* * *

Recibió exactamente el dinero para la guagua y entre apática y exasperada subió y se sentó pensando en Luisito, su único consuelo. Se apresuró al bajarse; pues no quería llegar tarde a la cita. Pasó frente al kiosco "El Tun Tun Verde" y compró un cartucho de mamoncillos. La costurera abrió la puerta y en seguida se puso a laborar en lo que había de convertirse en una impresionante creación. Era ésta un sencillo traje labrado en piedras del rin, esmeraldas y perlas.

Sarita, vestida de princesa del Nilo, para ser exacto, en la indumentaria de la que fue mordida por una serpiente, se contempló en el espejo. Lucía verdaderamente radiante, tal vez fuera por los destellos luminosos que tantas joyas emitían.

—Acuérdate, mi amor, que las catorce doncellas tienen que venir a probarse antes del sábado.

—Sí, señora. Ya se lo avisaré a cada una.

Se quitó el traje y sonriente se marchó. Cogió la ruta 13 de nuevo y se sentó en el mismo lugar en que había venido. Durante los veinte minutos de trayecto se había comido todos los mamoncillos que le quedaban. Después se entretenía en echar las semillas desde la ventanilla de la guagua.

* * *

—Natalia, debe de llamá a Juanita Fuente pa' que te infome bien de lo que hay que hacé en el bol (ball). Tú sabe que ella fue a Francia el año pasao en uno de eso tuar (tours) de veitiún día y etuvo tre noche en París...

—Tiene razón, pue se me olvida si se empieza con un danzón o con el val. Aunque creo que es el val pue se da mucha vuelta.

—Bueno, llámala y dispué arregla lo del local. Fíjate bien que sea en la Joya de Occidente que e el ma distinguío.

—Pero Miguel, si esa Joya e muy cara.

—Te digo que pa' Sari lo mejol. Anda y ve a arreglar lo que te dije que eso son cosa de mujere.

—Bueno... pero es que te digo que...

—Mujel, anda pa' alante y ha lo que te digo.

* * *

Faltaba un día para el evento social y la casa estaba tensa. Miguel se probaba el smoking y parecía casi un caballero. Natalia, con uno de esos peinados estilo María Antonieta, se retocaba las pestañas postizas que le daban aspecto de estar soñolienta, ya que eran demasiado pesadas para sus párpados. Sarita, con el nerviosismo, había comido como una loca, aumentando casi seis libras. Este sobrepeso la hizo lucir un tanto grotesca con tanta piedra preciosa y aquel traje que al terminarse era algo híbrido entre princesa egipcia y amazona brasilera.

* * *

Comenzaba la fiesta, y el salón de baile del hotel "La Joya de Occidente" había alcanzado el aspecto de tumba egipcia. En el fondo de dicho local se observaban dos sendos murales de las pirámides flanqueados a ambos lados por dos masivas estatuas de cabezas de faraones. En el mismo epicentro de la sala había un pequeño lago artificial rodeado de palmeras, semejando un oasis.

Frente por frente a los bustos de faraones se hallaba el majestuoso trono de la soberana —una silla enorme incrustada con todo tipo de piedras preciosas—. Al pie del trono la alfombra dorada conducía hacia el oasis . . .

Todo el decorado había sido obra de Juanita Fuentes, la parisién, la cual al contemplar su obra tan sólo atinó a murmurar un "¡Regio y fabuloso!" Los invitados iban llegando y se repartían entre el oasis, las pirámides y los más allegados a la festejada, cerca del trono.

* * *

Las cornetas anunciaban la llegada de la princesa y su séquito de doncellas, todas escoltadas por sus respectivos galanes uniformados de esclavos nubios. Regia y fabulosa, al igual que la sala, con una leve sonrisa en los labios hizo su entrada triunfal Sarita Rodríguez-Pérez, princesa del Nilo, montada en aquel camello rojizo que habían alquilado para la ocasión. Su padre, emocionado con tal aparición majestuosa, lloraba de regocijo. Había valido la pena los $6,000 en gastos. Las notas del Danubio Azul invadieron la sala y tembloroso empezó a bailar la primera pieza con su hija. En la sala retumbaban los aplausos y vivas. Luisito González, el nubio de la princesa, se acercó a la danzante pareja y con una reverencia le pidió continuar la pieza al augusto faraón.

* * *

¡Qué baile! ¡Qué pasos! ¡Qué vueltas! ¡Pero miren cómo se deslizan! ¡Tal parece que ella lo conduce! Cesó la música, pero la pareja seguía bailando. La música se reanudó y en una de las vueltas Luis pudo separarse de ella, no sin haber hecho antes varios esfuerzos. La música continuaba y Sarita bailaba como un trompo. Giraba sobre su propio eje al mismo tiempo que se trasladaba. ¡Qué belleza! ¡Parece un arco iris! ¡Qué destreza en el baile! ¡Qué aguante!

* * *

El vals cesó y los aplausos casi amenazaban con romper los cristales de tanta vibración. Mas Sarita seguía bailando, girando, trasladándose.
—Mamaíta... Mamaíta... Pa pa íto... Pa pa íto... No puedo parar... No puedo parar... paaa... raaar...
—¡Cierren la puelta que se no va la niña!
La rotación se hacía cada vez más rápida. A veces se elevaba en el aire a tal altura que amenazaba con darse contra la araña que colgaba del techo. Era Sarita como un remolino amarillento.
—¡La niña, coño, se me mata la niña! —Gritaba desesperada Natalia—. ¡Hagan algo, coño, hagan algo!
Se acabó la fiesta y tan solo quedaron el padre, la madre y la familia inmediata. Esperaban al Padre Santos. Este llegó con una palangana de agua bendita y regaba al trompo cada vez que cruzaba por su lado. Todo fue inútil, ni agua bendita ni frases latinas podían inmovilizarla. La princesa seguía girando... Quizás giraría hasta consumirse.
—¿Pol qué, Padre Santos? ¿Pol qué?
—Calma, señora. Tenga fe, mucha fe. El Señor nos envía pruebas muy difíciles de entender a veces. Fe, mucha fe...
Y el sacerdote seguía rociándola con agua bendita cada vez que le giraba cerca...

a césar trasobares

Alberto Romero

Mi ritmo

Prólogo

En el principio no fueron más que unos desafinados golpes; un "¡coño, me enterré una astilla!", sin palabras; el raspar de la lija sobre la madera; el volverse de las cabezas para ver de dónde salía el toqueteo de cajón y por último un despreciativo: "¡Bah, negros!"

—Suave; que quintee suave —le digo que le diga—. Así: suave. "Pácata, pácata, pa. Pácata, pácata, pa."
Es el único sordomudo que he conocido en mi vida que toca el quinto con tanto coraje.
—Suave —digo.
Poco a poco ha ido logrando en el quinto el ritmo que quiero y que hace rato busco con su ayuda. No, que busco no, porque ya lo tengo en la cabeza retozando, moviéndose para salir y que cuando no lo tarareo, al menos, me aprieta los oídos, me baila en los pies, me cosquillea en las manos, pero que yo no sé sacar en un quinto.
—Suave. Suave —digo otra vez.
Y él le dice, sin sonidos, para que él lo lea en sus labios: "Suave."
Y él entiende.
"Dos con la derecha: suaves y lentos" dice. "Otros dos con la *izquierda*: rápidos y fuertes" dice. Le dice: "Repite". Le dice: "Repite con coraje".
El sudor corre de su cabeza a las sienes, llegándole a los labios, después de resbalarle por las mejillas, cayéndole, por fin, en el grueso cuello, mojándole y pegándole sobre la piel, la medalla de Santa Bárbara. Sonríe: abre su bocota que me hace pensar en una cajetilla de cigarros. Llevamos en esto casi media hora. Al principio yo dudaba que lo consiguiera, pero ahora, escuchándola, escuchando como va sacando del quinto siendo sordo y mudo, sólo con las indicaciones que yo le doy al otro, con palabras y que el otro sólo le transmite con señas, la melodía que yo tengo dentro, lo miro sonriendo, para decirle, con un

gesto, que va bien y él sonriendo, sigue tocando. Y sonriéndonos los tres, nada más que de dientes afuera, para no perder el ritmo que nos transmitimos, como si fuera electricidad, nos miramos. Lo miro y le doy una palmada en un hombro y le digo al otro: "¡Bien!" Le digo: "Va saliendo bien". Le digo: "Hasta ahora va bien". Y como adivina lo que yo digo al otro para que el otro le diga a él, sonríe, pero ahora con toda la boca; de oreja a oreja, echando el cuerpo hacia atrás, moviendo, agitado, su pecho, prorrumpiendo, por fin, mientras repiquetea, en una larga y gutural carcajada, casi grotesca, pero que nos contagia y nos hace reír, aunque no queramos, a nosotros dos. Después, quedo en silencio ensimismado, porque me parece mentira que sea ese ritmo que escucho el mismo que yo tengo dentro de mí, en mi cabeza y que él va sacando quinteando sobre un cajón.

—Suave, suave —digo—. Suave —digo.

Rechoncha la figura fundida en bronce, pero digna y benévola su cara, la estatua del General Banderas, nos cubre del sol. Hasta ahora, que son casi las doce, le hemos ido bordeando en la base del monumento, mientras el calor subía por nuestras piernas.

—En la acera de enfrente está María Regla —digo—. En la puerta del cine. Como quien no quiere las cosas, está mirando, con disimulo las carteleras, pero nos está mirando. Dile que nos mira —digo—. Dile que lo mira a él.

Pero él no le dice nada para que sus dedos no se entretengan: Sobre el cajón, arqueando la espalda, se retuerce acalambrado, la barba caída sobre el pecho, los ojos entrecerrados, casi vidriosos y uno de los labios mordiendo el otro, sigue suave, lento, tocando. Fuerte, rápido, tocando. Ya, dominando el ritmo. Tocando frenético, poseso. Los transeúntes se detienen a escuchar. "¡Ese es mi hermano!" Dice con orgullo un negrito cabezón. Con orgullo justificado, porque ahora la música que sale del cajón, sacada por sus manos, hace bailar, culebrear, balancearse a los que la escuchan.

—Dale —digo—. "Dale duro", dicen desde el grupo.

Olvidando o desconociendo su sordera continuamos alentándole. "Dale".

—Por Columbia. Dile que por Columbia —digo—. Y canta tú. Canta tú cuando entre por Columbia.

Y él canta, cuando el ritmo entra por Columbia y yo escucho, recreándome con mi ritmo. Sacado por mí de mi cabeza, pero que yo no puedo tocar.

*"Oye mi quinto, boncó,
qué rico suena".*

Después, golpea una palma de la mano con la otra y canto:

—*Alalala, lalá. Alalala, lalá ...
Alalala, lalá. Alalala, lalá ...*

Repite el estribillo y continúo cantando:

—*Dicen que no es vida
esto que yo vivo ...*

El repite el estribillo y yo también. Yo sigo cantando, alargando desmesuradamente los finales, desentonado, pero buscando que se prendan en las copas de las ceibas y flamboyanes, las notas de la melodía para que desde allí, sigan libres en busca de la libertad que ha perdido en Cuba, el guaguancó. Improvisando sobre una letra conocida con mi tono, el ritmo mío, sacado por mí de mi cabeza.

—Oye que esto no se puede soportar ...
El negrito sonríe y baila. Sonríe y dice: "¡Ese es mi hermano!"
—Sonríe y baila y repite: "¡Mi hermano!" Yo, cojo nuevo impulso y canto otra vez.

—*Alalala, lalá. Alalala, lalá ...
¡Qué buena, qué buena! ... Aeeee ...
¡Ave María, morena! ...*

La gente que nos rodea presiente algo y se mueve inquieta. Se acercan más a nosotros. Uno del grupo grita:
"Métele duro, mulato".
Otro tartamudea:
"Me, me, mete, métele ... duro, muuu ... lato".
No sé de donde ha llegado, pero una botella de ron o aguardiente, no sé, circula, codiciada, de mano en mano y una mano generosa nos la acerca, ya en su fin, para que tomemos nosotros, mientras dice: "Un palo pa'los músicos". Dice. Dicen: "Dale".
Una anciana, con una jaba semi vacía en sus manos, se detiene a escuchar. Su rostro se ilumina. Abre su boca desdentada y después, frenando la sonrisa, queda triste, mirando al cielo. Después, nos mira con malicia y se contonea. Otra, arrastrando las chancletas, se aleja escupiendo por un colmillo y desde la esquina nos grita: "¡Gusanos!" Grita desde la esquina: "¡Negros gusanos! Ya verán". "Dale" gritan. "Vete, sarnosa", le gritan. Le gritan: "¡Sarnosa!"

El sol ya golpea nuestras cabezas, fundiéndonos en el paisaje del parque. El coro, desafinado, pero espontáneo, pide el montuno:

"*Alalala, lalá. Alalala, lalá*".

—Dale —digo.

"Dale" le dicen desde el grupo. "Más nadie que tú. Más nadie que tú. Dale valor. Dale valor. Más nadie que tú. Ahí na'má".

—Ahí na'má —repito. Pensando que en cualquier momento nuestra alegría moleste a la gente del Comité, me levanto del escalón donde me había acomodado, apurando al maravilloso e infatigable sordomudo, para que apriete el ritmo. Comienzo a bailar, rotos ya todos los prejuicios que me quedaban y el miedo perdido por completo. Dispuesto a todo por bailar mi guaguancó. Saco mi pañuelo rojo del bolsillo y me hago con él un lazo en el cuello. Tiro pasillos raros y gorjeo. Estiro las puntas de mi camisa para formar con ellas una imaginaria compañera:

—*Alalala, lalá. Alalala, lalá . . .*
Esta es la última rumba
que yo canto en Cuba esclava . . .
Esta es la última rumba
que yo bailo en Cuba esclava . . .

Quinto y coro me acompañan:

"*Ananana, naná. Ananana, naná . . .*
Buenas noches, yeyé . . .
Buenas noches, yeyé . . .

Quinto y coro me acompañan en este viaje de olvidos a que nos lleva la música. Esta música con la que hemos logrado cambiar por un instante los destinos de nuestro querido barrio de Cayo Hueso . . . De este barrio de negros pobres y blancos pobres también . . . De santeros y católicos; ñáñigos y masones . . . De este barrio lleno de miserias y aspiraciones y frustraciones.

—Dale —grito—. "Más nadie que tú. Métele con to's los yerros. Métele hoy, hoy, que ya mañana veremos.

"Más nadie que tú", gritan.

"Dale", gritan. "Dale con ganas".

"Libre, negro. Sin miedo, negro".

"Ahí na'má".

—Dale, dale —digo.

José Sánchez-Boudy

No duermen la "madrugá"

I

La sombra del mayoral dibujose confusa frente a la yagruma. Perfil aguileño; pelo sucio y rostro de rayas pielosas confundiéronse entre la luz del mediodía y opacosidades volubles, cuando el sol era oscurecido por las nubes. El latiguillo chasqueaba en el aire y, algunas veces, daba, acompasadamente, sobre el recién charolado cuero de las altas botas. Fumaba tabaco negro y pestilente que le producía una carraspera incoherente y cochina. Salivazos, aquí y allá, derramaba, interrumpiendo el habla sonora y clara.

—A mí que no me vengan con esos cuentecitos. Ni aparceros ni precaristas quiero en estas tierras. Eso de que no se les puede desahuciar son cosas de blancos de cuello duro. La justicia hay que hacerla a machete.

Y acariciaba la vaina terrosa, donde guardaba la hoja reluciente y afilada.

—Mira, Macario. No me gusta la violencia para lidiar con esos merodeadores. Llama a la rural y hazlo todo como Dios manda. En cuanto presientan "el plan de machete" ponen los pies en polvorosa.

Reía mientras hablaba Francisquito. El diminutivo con que se le conocía al hijo del patrón no se avenía con su figura gigantesca, rematada en una barbilla puntiaguda con un huequillo sensual. Se sentó en un taburete de cuero, recostado sobre la yagruma, mostrando, al hacerlo, la raya del pantalón bien cortado en prístino estilo inglés. La camisa, hilo inmaculado, la remataban las iniciales de su nombre y el apellido bordados en letra azul.

Macario volvió a escupir saliva tabacosa. Miró fijamente al patroncito y confundió las palabras con el golpear del látigo sobre el cuero.

—Jefe, no me haga reír, que se me parte el labio. Yo sí que no me atraco de esas boberías. Eso de que la justicia hay que hacerla a machete es broma. Broma que se me ocurre.

Francisquito se levantó y señaló con el brazo hacia una figura que a todo correr venía hacia ellos.

—Por ahí, patrón, viene Pedro. Seguro que trae malas noticias.
El hombre los alcanzó sin resuello. La respiración era cortada, fatigosa, como un fuelle moribundo. Palabras y palabras repetía sin cesar:
—Jefe, ya están ahí. Junto a la falda de la loma han montado dos bohíos. Dos bohíos, jefe, que los vi.
—¿Qué dices, condenado? ¿Dónde están esos sinvergüenzas?— Cogiendo al recién llegado por el cuello lo zarandeaba mientras atropellaba sin cesar la misma interrogante:
—¿Dónde están esos degenerados? ¿Dónde están?
—No seas bruto e imbécil, deja a Pedro. ¿No comprendes, Macario, que es de los nuestros?
Y uniendo la voz a la acción, Francisquito separó, con gesto enérgico, al enfurecido mayoral del peón noticioso.
—Sosiéguense ambos. Tranquilo, Pedro. Sosiégate, Macario. Vamos a casa a buscar los caballos y ver dónde están esos precaristas. Ya, después, tomaremos medidas.
El polvo del camino, sin agua por días, se levantó al paso agigantado de los tres hombres que se encaminaban a la estancia vecina.

II

El niño se acercó a la puerta del bohío. Barrigón enorme. Rostro sucio. Las lombrices parecían querer escapar del vientre a través de su ombligo grandote y repellado en sucio. Miraba, a la noche, parado sobre el charco de agua negruzca. La sombra de la edificación, cojeando hacia el suelo, parecía una mancha a su espaldar.

III

—Luis, ven para acá —gritó la madre, asomada al bohío con un niño entre los brazos, quien mamaba, despiadadamente, de un seno fláccido. Y como el niño no parecía hacerle caso se le acercó halándole por la mano hacia sí—: Ven acá, papá está al llegar. Debe haber ido a buscar alguna madera cerca del pozo.
Ruidos sordos se encimaban. Nubes polvorientas herían el aire. Tropel de bestias desbocadas cayó de pronto sobre ellos. Ni tiempo para nada tuvieron. Los toros y las vacas pasaron por encima de los cuerpos famélicos aplastándolos contra la tierra, una y mil veces. El

bohío, al choque de los brutos, cedió hasta formar una línea de horizonte sobre el suelo teñido de sangre. Después, en lontananza, se esfumaron en loca carrera los animales desbocados.

IV

Se inclinó sobre los cadáveres sin ánimo para llorar. La mujer. La mujer y el hijo regaban con últimos estertores de vida el pedacito de tierra que pensaron sería de ellos. De lejos el viento traía voces animosas.

—Con ésos, jefe, yo no uso plan de "machete". Déjelos de mi cuenta, que tengo un nuevo método para que se larguen con sus tiestos a otro lado. Eso del "plan de machete" ya pasó a la historia. Pero con el mío no duermen la "madrugá". Me voy a recoger mis bueyes.

José Sánchez-Boudy

Una premonición

"Juan, no sé lo que me pasa, pero tengo la premonición de la muerte. Es un sentimiento raro, imperceptible. Como una penita que se siente aquí en el pecho. Sé que voy a morir".

Mi amigo me miraba con su cara fresca, llena de vida, en la que se notaba una gran preocupación. El pelo, intensamente negro, empezaba a ser sombreado por alguna cana y revoloteaba al aire bajo el impulso de una fresca brisa. Estábamos en el portal colonial, donde nos mecíamos en bellos sillones de caoba moldeados por manos guajiras. Enfrente nuestro se extendía la campiña cubana. En la lontananza se columpiaban las palmas con un dejo de tristeza.

La tarde empezaba a caer sobre los campos. El ruido sordo de un motor, que impulsaba el agua hacia un tanque gigantesco, suspendido entre dos brazos de cemento, junto a la casona, nos causaba cierta molestia. A la derecha del fresco portalón se abrían los naranjales y una pajarera gigantesca, donde pajarillos, llenos de color, trinaban desaforadamente. Algunas gallinas junto al césped, que se abría a la entrada de la típica residencia, inclinaban sus picos hurgando entre la hierba y la tierra colorada.

—Luis, estás muy cansado. No cansancio de cuerpo, sino de espíritu. Eso también me sucede a mí cuando llevo muchos días trabajando. Después, por supuesto, desaparece —le contesté.

—No sé qué decirte, Juan. Pero sé que no es eso. No quiero pensar en ello. Jamás dejo que las cosas penosas se llenen de mí. Las presiento pero no pienso en ellas. Sin embargo están ahí, recordándonos su presencia continuamente aunque logremos disiparlas por breves momentos.

—Mira, chico, tú lo que tienes es morriña desde que tus hijas se embarcaron para España. ¿Por qué no aprovechamos y tiramos unos cartuchos allá en un dormitorio? Está cerca. Como a veinte minutos de aquí.

Luis asintió con la cabeza y entramos en el cuarto a recoger las escopetas. Me decidí por la "Browning" calibre doce, que se hallaba confundida entre otras de diversos tipos y con culatas de diferentes colores. Las había españolas, dominicanas, belgas, de dos cañones, con mirilla . . .

Una verdadera colección que me encantaba contemplar. Me decidí por la "Browning" por una especie de superstición. Era la que usaba papá. A pesar de sus cincuenta y tantos años, ya en el borde de los sesenta, el viejo, como cariñosamente lo llamaba, apeaba las rabiches con una precisión cronométrica. Eso me hacía sentirme más seguro con su escopeta liviana y suave como algodón.

Salimos, y, bajando la cabeza para no tropezar con algunos matojos, empezamos a caminar en dirección al comedero. Un millón de ruidos distintos nos atacaban los oídos: arrullos de palomas; silbidos de cagaleches, algunos provenientes de puercos que se enfangaban en un corral cercano; trino de aves; risa sorda de un pavorreal que con su cola multicolor corría despavorido ante nuestra presencia. Ya el gris devoraba el día cuando nos colocamos como a veinte metros el uno del otro, esperando el cruce de la rabiche. Los tiros atronaban y rompían el silencio de la tarde que comenzaba a entrar en sueños.

—La bajé. Luis, ¿viste cómo la bajé?

—Oyeme, Juan, vuelan muy alto. Parece que alguien las ha tiroteado ya.

—No seas idiota, Luis. ¿Cómo van a volar si vienen a posarse para dormir con el buche lleno? No digas novatadas.

Los pájaros caían uno tras otro y un humo blancuzco se escapaba de los cañones, que quemaban la mano cuando uno los tocaba.

—Vamos, Juan, es tarde. Los perros se han portado muy bien. No han perdido ni una paloma.

—Sinceramente, Luis, nunca creí que hiciéramos gran cosa hoy. ¡Qué tarde ha entrado hoy la paloma! El comedero debe estar cerca. Y debe ser muy bueno. Mira cómo ésta tiene el buche.

Nos hallábamos reunidos bajo unos árboles frondosos de aguacate y mameyes que hacia lo alto confundían sus ramas. Me gustaba observar las palomas muertas que conservaban un aire de impotencia y debilidad a medida que las iba colocando en el ahorcadero. A nuestro lado, *Pintado* y *Emperador* se nos encimaban haciéndonos mil gracias. Había que ponerles cortapisa continuamente. Los mosquitos y jejenes empezaban a molestarnos cuando emprendimos el regreso.

—Juan, ten cuidado al cruzar esa cerca. La veo llena de guao. Ten cuidado no toques la hoja.

—Ni te preocupes. Por cierto que papá hace años se puso una corona de guao en la cabeza para protegerse del sol y parecía un Cristo. Por supuesto no conocía la mata.

Crucé con dificultad. Un alambre me rozó al agacharme, después que los perros habían pasado y jugueteaban alegremente en el sembrado vecino. Empezaba a incorporarme cuando un ruido rápido y sordo hizo que el pecho me latiera apresuradamente. Miré, y, a pocos metros, Luis yacía en el suelo, boca abajo, manando sangre abundante. La escopeta recostada sobre un tronco rojizo, lleno de escamas del mismo color; había resbalado y se descargó al caer el suelo, alcanzándolo por el costado. Corrí hacia él y lo viré hacia mí. Ya los ojos empezaban a brillarse y perder vida. Me sonrió y antes de que pudiera hacerle alguna pregunta me dijo:

—¿No te dije que tenía la premonición de la muerte?

Se inclinó y exhaló en mis brazos. A mi lado, mudos y en religioso silencio, los perros contemplaban tristemente el amigo que se esfumaba con la tarde.

José Sánchez-Boudy

El santo

I

—Te digo que los santos velan por ti. Tú no creerás estas cosas, pero si conseguiste trabajo es por mí. Yo te endulcé el santo con tabaco y miel. El te abrió el camino. La música sonaba con su enervante ritmo africano. La mujer tiró un coco en el suelo y se rompió. Después empezó a mirar las diferentes partes.
—¿Qué dicen los caracoles, Palmira?
—Van ustedes dos a tener una gran felicidad. Una gran felicidad. Pero tú tienes que tener fe. Y no ser tan descreído. Hoy lo dijo José.
El hombre miró a su mujer y a la médium con cara de incredulidad.
—José es el mulato que siempre viene cuando Petronila lo llama. Ayer bajó. Y hoy también. ¡Mira para el agua! ¡Mira qué cantidad de fluido!
El hombre se tiró en la cama. La música negra, con el rápido repiquetear de los tambores, se oyó por largo rato. El cerró la puerta de su habitación que daba a la sala donde se celebraba el rito. Encendió un puro y se puso a leer el periódico.

II

—La situación está muy mala. Hoy miré el informe financiero de la compañía y estoy muy nervioso. Este año hemos vendido un millón de pesos menos que el año pasado. Cualquier día me botan. Hay que empezar a "legislar".
—Tú no tienes problema. Tú eres hijo de Changó y de San Lázaro. No te botarán del trabajo, sino que te darán un ascenso.
Estaba muy nervioso. La cara del jefe era un signo de preocupación. Sabía que los negocios seguían mal y que cualquier día lo llamarían para despedirlo. El era el último que había entrado en la compañía y por lo tanto el que menos derecho tenía a conservar el puesto.

III

Aquella tarde estaba libre. Era su día de asueto de la semana. Antes de salir de la oficina pasó por su casillero a ver si algo había pasado. Pero no había allí ningún papel. Ahora, tirado en la cama, repasaba el periódico, pero siempre con el pensamiento ido, con la seguridad de que sus días estaban contados. Reparó en una fotografía. Unas mujeres estaban junto a varias filas de libros. El pie del grabado hablaba de una venta en una de las iglesias de la ciudad que celebrarían las Hijas de María. Se indicaba que los volúmenes eran viejos, y que algunos eran ediciones rarísimas. El se olvidó, de súbito, de su problema y pensó ir inmediatamente a la venta. El coleccionar libros era su obsesión desde niño, una manía compulsiva, como la de un jugador con el tapete verde. Pero al mirar el pie del grabado vio que no abrían la iglesia hasta las cuatro y media de la tarde. Y empezó a dormitar decidido a ir en cuanto se levantara de la siesta.

IV

A las cuatro se disponía a salir, pero empezó a sentir cierta duda. Se lo dijo a la mujer:

—Qué raro. Nunca he titubeado en ir a comprar libros. Y ahora tengo una penita que me detiene. Que no me deja moverme.

—No vayas. Algo te va a pasar en el camino. Tal vez un accidente. Es Changó y San Lázaro protegiéndote.

El se echó a reír. Habló de las tonterías de la mujer y se tiró en la cama de nuevo. En eso tocaron a la puerta. Era su amigo Miguel acompañado de Diana. La perra corrió por la casa y al reparar que él estaba tirado en la cama se lanzó sobre ella y se recostó a su lado. Miguel y la mujer miraban la escena.

—Qué raro, mujer; es la primera vez que esto me pasa. ¡Cómo me quiere la perra!

—Es San Lázaro protegiéndote.

El sintió como una fe. El timbre sonó. Era su jefe que lo quería ver temprano a la mañana siguiente: "Sólo tú con tu experiencia me puedes salvar el negocio. La junta directiva te ha hecho administrador del mismo". La perra meneó la cola. "Esa perra —dijo la mujer, mientras lo felicitaba —tiene la viva estampa, ¿no lo ves?, de los perros de San Lázaro"...

II. Recuerdos y añoranza

Lourdes Casal

La Habana 1968

I

Que se me amarillea y se me gasta,
perfil de mi ciudad, siempre agitándose
en la memoria
y sin embargo,
siempre perdiendo bordes y letreros,
siempre haciéndose toda un amasijo
de imágenes prensadas por los años.

Ciudad que amé como no he amado otra
ciudad, persona u objeto concebible;
ciudad de mi niñez,
aquella donde todo se me dio sin preguntas,
donde fui cierta como los muros,
paisaje incuestionable.

Diez años llevo
sin catarla ni hablarle excepto en hueco;
cráter de mi ciudad siempre brillando
por su ausencia;
hueco que no define y que dibuja
el mapa irregular de mi nostalgia.

II

Que la he perdido,
la he perdido doblemente,

la he perdido en los ojos de la cara
y en el ojo tenaz de la memoria.
Que no quiero olvidarla y se me pierde,
aunque de pronto vengan marejadas
de nombres y borrosas
imágenes:
Soledad, Virtudes, Campanario,
Peña Pobre una tarde de verano
y el parque aquel minúsculo,
tapizado de pájaros,
cuando se conjugaban a anunciar el crepúsculo,
a anunciar en bandadas la nostalgia acerada
tras las horas de O'Reilly,
de libros y bigotes.

III

Jirones de ciudad
fragmentos sin contexto, los enlaces perdidos.

¿Cómo llegar a, y qué venía,
desde, por dónde iba aquel ómnibus?
¿Qué se me ha hecho la ciudad de entonces?

Preposiciones,
desarticulación,
preguntas.
Ya hace demasiado que estoy lejos.
Te me olvidas.
Que florezcas.
Hasta siempre.

Uva A. Clavijo

A veces

A veces siento que soy una fuente
que se desborda hacia dentro.

Las flores de la duda crecen en mis ojos
mientras la noche araña mis sueños.

A veces... recuerdos e ilusiones se me mezclan.
Campos de batalla, una manejadora negra,
pastelitos de guayaba a la salida de la escuela.
Guerra, frío, soldados muertos.
Mi madre adornando un nacimiento.
Un poema de Heredia. Hombres. Ciudades.
Dios. Noche. Soledad. Patria. Destierro.
El tiempo detenido. Imprevisible.
Miserias. Esplendor. ¡Lo eterno!

A veces, creo verle la cara a la inocencia
y otras veces me parece que converso con la muerte.

A veces... me pesan demasiado los sueños marchitos
y las memorias gastadas.

Entonces, mido mi cuerpo con el de un hombre,
beso a mis hijas en la frente,
escribo un poema y espero el alba.

Hasta un día, en que se desborde
hacia fuera la fuente...

*En la carretera de Miami
a Washington. Verano 1974*

Uva A. Clavijo

Reiteración

<blockquote>a Siro del Castillo</blockquote>

¿Qué sé yo de dolor, de angustias,
de pobreza?

Nunca me acosté con hambre
(a no ser cuando he hecho dieta).
Nunca anduve descalza
(a no ser porque me diera la gana).

Pero los gritos de la Patria
me desgarran el alma.

En las calles
me hieren preguntas como espadas.

—Tú, que saliste hace tanto de Cuba,
¿recuerdas algo?

Y yo respondo que llevo la Isla
prendida en la mirada.

—Tú, que saliste hace tanto de Cuba,
¿añoras Tropicana?

Y yo respondo que la Isla
es una herida que no sana.

—Tú, que saliste hace tanto de Cuba,
¿estarás ya acostumbrada?

Y yo pregunto a la vez,
¿no oyes que nos llama?

—Tú, que saliste hace tanto de Cuba,
¿tuviste unos quince de gran gala?

Y yo, cansada, no tengo ya respuestas
ni lágrimas ni palabras.

Mas del cansancio nacen nuevas fuerzas.
Busco mis pobres armas
—la pluma, el verso—
para acallar las voces que no callan.

Cuba —les digo— es más que añoranza,
que ilusión y que sueño
y que memorias gastadas.

Cuba es una prisión
con barrotes de agua.

Cuba —repito— no es carnaval
con antifaces de plata.
Es más que café negro,
que viejas estatuas,
que discursos amarillentos
y comidas en Casablanca.

Pero las voces no paran
y me atraviesan el costado
como al Cristo en su calvario.

—Y tú, que saliste hace tanto,
¿en qué idioma hablas?

Y yo quiero gritar
que en la lengua de la Patria
hecha de fuego y de lágrimas.

Y la voz se me pierde en la distancia
hasta que otra voz se la encuentra
y me la abraza.

Agosto 1974

José Corrales

A Long Distance Cry

Qué lejos estás
how far away
y también está el problema de la lengua
and all these years passing by
estoy hablándote del tiempo
y las distancias terribles que atropellan
y de las ganas de que estés aquí
right here
para curar si es necesario
el dolor los sufrimientos
que a veces son causados por la ausencia
pero a veces
it's that terrible pain que produce el saber
to know how
cómo el espacio es una brecha
que se extiende y se abre tan inmensa
entre tu voz y mis palabras
between your legs y las sombras
secretas de mi cuerpo
que no es lo mismo darse vueltas
y encontrar un cementerio
la almohada en lugar de tu cabeza
allá tan lejos
cuando en la noche yo suspiro
y busco y palpo y me agoto en desconcierto
soñando con your legs between las mías
llamándote a gritos come my baby
mis ojos buscando inútilmente
y mi boca tratando de apresar tu lenguaje
tan difícil tan sonoro y tan lleno de atropellos
por no decirte cosas simples
por no poder hacer de tu poema
un poema que hable de los gansos

de las palomas asustadas
y del timbre del teléfono que suena a campana
a tren de pueblo
a canto de gallo madrugada
cuando sé que eres tú
that you are there
far away y cerca
tratando de hacer feliz useless contacto
porque no soy equilibrista
y el hilo telefónico tan frágil tan endeble
no va a servir de puente
por donde pueda yo cruzar a darte un beso
long ago hace mucho mucho tiempo
que vengo maldiciendo las distancias
porque el tiempo se va desaparece
pero la distancia se hace más tremenda

lejos estás
y está también el problema de la lengua

José Corrales

Consejos y súplicas al poeta Juan Alonso que se va de viaje

para Dumé

La curiosidad puede despertar
innumerables absurdas quejas
golondrinas viejas caducas
tomeguines disecados
ilusión galopante
bajo el sol que reverbera
la bahía de La Habana perdida entre murallas
o quizás el aeropuerto
con el nombre de Martí
colgando de contento y/o desprecios

no te asombres del mamey ni la naranja
ni frente al descaro de la piña insatisfecha
cuenta los centavos que el turista lanzaba
desde el muro hoy hecho trizas de tus sueños
malecón desierto de semen y de carros
a los negritos pingaslargas que se esfuerzan
al menos se esforzaban
por darle marcha atrás al reloj
quise decir
a la distancia
que media entre tus ganas
el tiempo que ha pasado
y tu recuerdo

toma el taxi la guagua
lo que sea
la carretera centro la vía blanca
vete rumbo a Matanzas matando el tiempo
contando las hojas verdes y los ojos negros
de los hombres y las mujeres que se te acerquen

no te demores
                    el exilio es corto
                    el viaje luengo
                    regresa
                          a dónde
                    pero regresa

el beso para tu madre que sea breve
el desayuno enjundia sopa de gallo
guayabas verdes en la merienda
el termómetro bajo el brazo
si tienes fiebre
y la guayabera colgada al sol
en medio del patio

los frutos del telar lávalos tú
que tu madre no se distraiga
no pierda tiempo lavando tus interiores
pues casi no tendrá tiempo para escucharte
son tantas cosas las que le cuentas
a Carilda y en mi nombre
le das un beso
pero si es zurda
bueno
le das un beso
pero sin ganas
róbate alguno de sus poemas
ve al cementerio
a las memorias que se te acerquen
diles I'm sorry no puedo ahora
quizás más tarde
tus sneakers no los entregues
ni tus camisas guatemaltecas

cuando el sol se ponga decide rápido
si vas al valle o si a las cuevas
corre
detente
mira el paisaje
quizás no vuelvas
a los mangos no les sonrías

no te adentres entre las cañas
ni te acerques a la Ciénaga de Zapata
que se hace tarde

                el exilio es corto
                el viaje luengo
                regresa
                      a dónde
                pero regresa

a tu madre dile hasta prisa
cuando salga el sol
cuando te levantes
coge la guagua quizás un tren
en el malecón marino y suave
te espera el viento
un poeta en la lista negra
y un golfo que te pregunta
si tienes un par de jeans
un libro acerca del Sabio
un disco de Patti Smith
una lata de Coca-Cola
un reloj de arena
no te detengas

a las piñas no les sonrías
son peligrosas macabras densas
frente a la casa de don Licario
escupe mira la balaustrada
que nadie note cuando de pronto
frunces el ceño
fúmate un puro si te lo alargan
fuera del juego no habrá problemas
ni musarañas
toma el teléfono llama a tu madre
dile hasta luego
mira una palma con rapidez
y detenimiento
toma el avión
un barco la balsa una jicotea
tírate al agua

el exilio es corto
el viaje luengo
regresa
         a dónde
pero regresa

y luego cuéntame

Luis F. González-Cruz

U.S.A. I

Hoy me llega aún el recuerdo
de aquella edad de confesiones marítimas
y sacrificios adolescentes
los viajes en ómnibus destartalados
con sus vibraciones provinciales
las interminables caminatas
en que no nos decíamos nada
porque nos entendíamos al tacto
escasísimo
los adioses de cada mañana
los alzamientos de media noche
las nataciones de medio día
las plenitudes de media tarde
hoy me llega todo esto aquí
en Norteamérica, a 7 de marzo
de mil novecientos setenta y tres
y me siento más perdido que el aire
y te siento más allá de toda existencia
porque sé que ya no podré encontrarte
como eras entonces
de vitrales espejuelos espuma mar roca
palmera Caribe amante flamboyán caverna.

Hoy sé que buscas entre fábricas y coches
en el obituario general de los domingos
o entre olvidadas guías telefónicas
perdida también en el humo de otra ciudad extranjera
mi nombre
un nombre que comienza con ele
y termina en la más completa soledad.

Alina Hernández

Hoy me voy a vestir color de patria

Hoy me voy a vestir
color de patria.
A prender a mi voz
el viejo acento,
y me voy a lanzar
a la contienda.
Voy a enfrentarme a la verdad:
estoy aquí,
porque escogí el camino.
Porque tracé una línea
entre el miedo y la espina
y decidí en la herida.
Yo soy quien llora.
Pero sabía que el llanto
era mi amigo.
Estoy aquí, desalojada de mi sangre,
pero no me confundo.
No dudo. No vacilo.
Ni siquiera me concedo a mí misma
una flaqueza.
Lo que fui ayer, soy hoy,
seré después y siempre,
para toda la vida si es preciso.
La que muere soy yo.
Eternamente aislada de mi suelo.
Categóricamente convencida.
Absurda y pobre,
como cuando
le dije adiós a Cuba.

José Kozer

Evocación

Mami.
Papi.
Sylvita.
La criada de enfrente.
El negro que vende escobillones.
La mulata que asoma los pezones por la persiana.
Mi abuelo en filacterías muriéndose de cáncer.
El jardinero quitando la maleza.
La cabeza quebrada de mi abuela sobre la copa de un sicomoro
 oriental.
La tierra.
El Sinaí.
La diáspora y la aurora.
El bastión de una carrera
La marcha de los guerrilleros cruzando las cordilleras.
La Habana remota que abre la puerta de sus prostíbulos,
me enfrenta a San Lázaro llagado.
Los estudios.
Las buenas noches.
El tema de la salvación.
Mi abuelo acaba de morir: lo encueran para bañarlo con alcohol.
Yo espero detrás de una ventana a que se muera,
a que abra la boca hebrea y diga adiós en español.
No hay campanas.
La familia se dispersa.
Todo indica favorablemente que nos vamos de nuevo.
y finalmente, finalmente, finalmente,
la clásica pregunta en toda evocación.

Juana Rosa Pita

Carta a mi isla

Isla
lejos de ti es cerca del punto
más sensible
de la herida del tiempo:
lejos de ti mi cuerpo elástico
en un lecho de filos
que amenazan al viento

Lejos de ti la sed y el hambre
no se sacian
con halagos de fruta y chorros de agua:
lejos de ti es la soledad concreta
(los que viven en ti sólo conocen
la otra soledad:
esa que tiene siete letras)
              isla
lejos de ti es dentro del pozo
vacío de los sueños

Lejos de ti mis manos corren
con avidez
por las carnes de un mundo de poema:
hasta el dolor
            hasta el placer
se me desplazan
por un gemido abstracto al borde de la tierra

Isla
lejos de ti mi vida es la ironía
el garabato tierno de un escritor ausente:
una paja
en el ojo simbólico del cielo

Juana Rosa Pita

Rondas a la isla

1

Qué tristeza tan larga
como para sembrar prodigios
y qué sima
rondándome la piel
cara a tu ausencia
mi cuchara vacía de la infancia
descolorida
y a falta de manzana
rondas van:
"yo le daré una..."
protestan los sueños
y hay isla prometiéndose a poema

Yo quiero la mía
que se me perdió

2

Tú me dices: "no vuelvas"
y te digo:
me atrevo sobre el mar de un solo verso

Ahí lo tienes:
      ya vuelvo a mis queamares
planeando por tu orilla más adusta
y aterrizo en la hierba

Juana Rosa Pita

Tierra nuestra

1

Hay paisajes que abrazan desde lejos:
cuando respira el tiempo profundo
nos adentra en esa estancia
tierna que no sentimos prisa de apretar
cuando niños

¿A quién agradecerle el desgarrón
que nos volvió veloces y nos tiene
girando
y abriéndole horizontes al abrazo?

Abrazo: nuestra patria en el tiempo
donde crece Nosotros balbuceando
la ternura natal

donde hagamos rincón
para cerrar los ojos sonrientes
no en un lugar querido del mundo
sino un día

2

La patria que lejana está conmigo

A ti te necesito cerca siempre
porque ni cinco siglos bastarían
para salvar nuestra niñez de ausencia

Pura del Prado

Letanía de la patria

> *Para Teresa María Rojas, Griselda Nogueras*
> *y Pedro Román*

Mi Patria es pobre como una niña que vende mandarinas,
bella como el musgo en las antiguas tejas rojas.
Celebra sus fiestas de espuma,
tañe el arpa de las palmeras.
Mi Patria es un azul callado en las montañas,
un blanco a lo mariposa,
un sabor a ternura que emociona.
Es sueño que no cesa
ni el dolor interrumpe,
lenguaje para el amor,
jamás para el olvido.
Tierra donde el calor amodorra el aire
que sestea balanceado por la bahía.
Mi Patria es ese negro de camisa liviana
que dobla el velamen de su barca pesquera
como si guardara la vida del caserío.
Aretes de carreta,
senos de mamoncillo,
sexo de níspero abierto,
beso infantil de mango.
Carrera de niños descalzos
hacia el lejano bandurrear de los mulos cansados.
Travesura de tomeguines en el platanal,
embullo de campanas pueblerinas
en el domingo, riel de las cometas.
Saliva de tamarindos,
cencerros sacristanes sobre el fango,
esquina de canela,
pestaña de aura tiñosa en el ojo dorado del verano.
Como una vaca duerme
el sopor meridiano que baja las persianas
en el silencio luminoso.

Cuba, calle entalcada,
guitarra del riachuelo,
bohío de melena despeinada,
ceiba que va de vuelo.
Extraño tu sinsonte en la granada,
tu novela de anochecer,
tu himno sin estrépito, del tamaño de un muchachito;
tu bandera de sangre joven
con la estrella del amanecer entrevista en el humo
del café claro.
Mi Patria es cariñosa y humilde como el vestido de las campesinas,
melancólica como un barrio apenas alumbrado
por los cocuyos y las caricias,
ignorante guajira que dice adiós al tren
con ilusión de billetero ambulante.
Laberinto del canuto de higuereta,
chasquido de lavanderas por las piedras del río,
desaliño de arados de madera,
talanquera de relinchos,
misterio de astros congregados
sobre el canto de bodas de la cascada.
A veces desde lejos evoco tus aromas,
olor a menta de tus cuentos,
a reseda estrujada de tus noches,
a velorio dormido en la taza de chocolate,
a cornisa de albahacas
y soleados helechos.
Clavel del caramelo,
guinda de la alegría,
chiste como el deleite de un sorbo de champola.
Tú eres un vals al piano cuando el arcoiris corona el aire,
y la triste mirada del almendro,
la sonrisa de picardía para guardar con disimulo la pena.
La marimba del agua en la cañada,
la décima al galope por el campo.
Cuba de ojos risueños,
mulatica que guarda cangrejos en su lata,
lánguida piel de cobre y azucena,
serenata del trueno.
Mundo mío perfecto de cariño y socorro,
del colador de tela y el mueble de pajilla,

la infancia de patines alocados,
y el retozo inocente de la bata de vuelos.
Me desvivo en la ausencia por tu rubio tranvía
de madrugadas lentas,
el columpio de sogas y el tablado
para colgar la pausa del jazmín.
Cuba de veteranos en guayabera blanca
y un cielo tricolor para un sol de medalla.
Mi Patria es la neblina del tabaco,
cañafístula ardiente.
Riega sus amapolas en el patio,
reza un dulce rosario de semillas de anón,
perfila sus parrales y sus fuentes canoras
giran ruecas de plata bajo la enredadera.
Patria de mecedoras bisabuelas,
del aljibe con luna,
trigueña adormilada
que hace ondear los caminos.
Caracol en la playa de una puerta,
ventana que se trenza los barrotes
con cintas de guano seco.
Cartilla de cachuchitas,
cartera de cocodrilo,
con tu maraca como el corazón de julio,
nido azul del verano . . .
Mi Patria es tantas cosas que quisiera
tener como papel su territorio
para volver a recontar sus cosas,
sus bienes, su verdad, sus arroyuelos.
Mas como la he perdido, aquí la canto,
la añoro, la sollozo, la convierto
en un poema pobre como el niño
que siempre está rondando por mi sueño.

Pura del Prado

Respondo yo

Para Nicolás Guillén

Cuando salí de mi Cuba
¡llora, dolor!
no pensé hallar verde y caña,
mar y palmar,
respondo yo.
Mi Isla no se repite
—pero tampoco se acaba—
respondo yo.
Allá está su territorio
si falto yo.
La extraño como me extraña.
¡Cómo no!
Pero me traje conmigo
de su sabor,
pero mi piel es tatuada
por su alto sol,
pero me traje en la sangre
ritmo y calor.
Y así me gritan: ¡Cubanaa!
doquier que voy.
Hablo sus mismas palabras,
en español.
Aunque a veces las traduzco,
como tú. ¿No?
No vivo muda, poeta,
siembro canción.
Nadie me quita mi Cuba,
Cuba soy yo.
Lo mismo que tú lo eres.
Níspero, anón.
Sus noches van en mi pelo,
su corazón
se reparte entre los pueblos,

sí señor.
Cuba no es sólo un momento,
ayer u hoy,
sino también el mañana,
y un siempre estoy.
Cuando le añoro la tierra
—muriendo voy—
le busco el alma y la encuentro
en mi interior.
Tú que fuiste desterrado,
respondo yo,
¿eres un Kremlin de nieve
o un Malecón?
En la tumba de tu padre,
respondo yo,
¿no hubo una cruz solitaria,
lejos tu voz?
¡Ya habrá cruces para todos,
él, tú y yo!
Si dejo los huesos fuera,
respondo yo,
¡ya repatriarán mi polvo!
El viento o Dios.
Mi fantasma entre palmares
deambulador
no esperará tu permiso,
¡claro que no!
Pues Cuba estará perenne
bajo su sol
llorando a todos los muertos
de su dolor
y amando a todos sus hijos
—el mismo amor—.
Y tú no dudes que vuelva,
viva la voz,
un día que haya justicia
para los dos.

Eliana Rivero

Tan lejos del azúcar

aquel día de diecisiete abriles,
largo como la noche de marcharse
y la esperanza de ser agua solar
pasó con rapidez,
        no dejó
ni la sombra de sus minutos transparentes:
fue aire

aquel desprendimiento
que no se completó hasta ayer,
hasta la hora de la última certeza:
porque se odia la finalidad del "hasta aquí"
cuando se duda todo

dime:
cómo se hace para dormir en paz,
nombrar los dedos de la mano,
masticar los presagios y tragárselos,
asimilarse al hierro:
              dime cómo,
cuándo será,
tan lejos del azúcar
que me nació en los pies,
del agua de mi pelo que la hizo guarapo,
del cielo mediodía,
            de la tierra
y el sol de los valientes,
              del aire mar,
del necesario sudor de los palmares,
de aquel
        crepúsculo portuario
dime:
cómo se borra la mancha del salitre

para fotografiar el alma,
                    archivar
las tristezas
        y mantener en pie
la sangre que recuerda y se derrumba
tan lejos
        de todo lo que nos llamamos

Uva A. Clavijo

Ni verdad ni mentira

Rebosante del sano júbilo del amanecer, José María se paseaba por la arena. Iba dando pequeños saltos, con paso alegre y ligero. A veces deteníase, y su mirada soñadora y hambrienta acariciaba el paisaje. Se quedaba muy tranquilo entonces, dejando que la belleza que lo rodeaba penetrara sus ojos, cada uno de sus poros. Sentía que brisa, mar y piel eran una misma entidad: una unidad indivisible y firme. Luego vendrían las gentes. El ruido. Pero a esta hora temprana, la playa era suya. Suya. El muchacho sentía el placer sensual de la posesión.
Se tendía ahora sobre la arena blanca. Abría los brazos negros. Mirándolo desde lo alto, parecía un cristo . . . o una cruz.
Ya estaba de pie otra vez. Corría a la orilla. La espuma besaba sus pies. Porque el mar lo quería. Ante él, José María era grande, infinito, como sus aguas.
¿El mar? ¿La mar? No sabía el niño si se trataba de un hombre o una mujer. Sí, porque el mar tenía para él los atributos de una persona. José María le hablaba como a un hombre. Le contaba sus planes, sus sueños, sus inquietudes. A veces, cuando sentía la ira roerle los intestinos, el mar compartía su enojo. También a él se le oía rugir con furia. Maldecir. ¡Qué hombre era entonces el mar de José María!
Mas otras veces, la mar era como una madre, que lo arrullaba y mecía en la ternura de su regazo, lo acariciaba con su propio aliento, lo amamantaba, dándole vida de la suya propia.
Era por las noches que a veces la mar lo asustaba. Se le antojaba entonces la inmensidad oscura como una mujer deseada y temida al mismo tiempo. Oye sus voces seductoras que lo tientan. Es como si un imán tirara de él con fuerza incansable. ¿Qué le esperaría en las lejanas profundidades de las aguas?
Durante el alba, cuando la tenue claridad de la aurora suavizaba el contorno de las cosas, era que José María más amaba a su mar. En ocasiones, creía que las olas lo llevarían a una playa remota, no sabía si recordada o presentida, donde no habría miedos ni angustias ni sueños rotos.

¡Cuántas mañanas, José María, te observaba yo desde mi alcoba en diaria comunión con tu mar!
Porque para mí, José María, el mar es de todos, pero... un poco más tuyo que de los demás.
—Aquel verano, ¿te acuerdas?
—¡Cómo olvidarlo! —me respondes.
—Estábamos de veraneo. Bueno, estaba yo de veraneo. Tú vivías allí. ¿Vivir? ¿Qué es vivir para un niño pobre, para un niño negro? ¿Tú sabes, José María, que yo te envidiaba? No... no te rías... Para mí, tú eras libre...
—¿Libre?
—¡Con qué sarcasmo preguntas, hijo! Me duele tu tono irónico. Calla. Calla, Josemaía.
Si supieras... Te veía correr en el alba. En más de una ocasión tuve que frotarme los ojos, porque hasta me parecía que tenías alas. Y te creía sabio, porque podías leer el curso de las estrellas. Sabías la hora con sólo mirar el sol. Conocías los nombres de las plantas, dónde se escondían los cangrejos, cómo atrapar las jaibas. ¡Qué fáciles eran para ti las nobles ciencias que me estaban vedadas!

Yo, en cambio, me sentía prisionera en mis batas de fina organza, en mis libros de textos, en mis aulas de profesores con títulos, cabellos y mentes que el tiempo había teñido de gris. ¡Qué fuertes barrotes me encerraban en mi torre de marfil! Mi mundo sin horizontes era urna de cristal donde el aire viciado chocaba contra las paredes en su afán de libertad, formando gigantescos remolinos.

¡Cómo hubiera yo preferido andar descalza como tú en vez de estar usando zapatos de charol importados! Tus raídas ropas me parecían mucho más hermosas que mis blusas de seda y encajes franceses. ¿Desnudo? Sí, tú vivías desnudo. Tú eras tú. ¿Y yo, quién era bajo esas ropas que me ataban?

—Pero yo también era prisionero —me dices—. Prisionero de mi piel, de mi origen, de mi pobreza. De mi propio odio. De mis envidias y mis celos. De mis sueños.
—¿Te acuerdas la primera vez que nos vimos?
—Tú vestías de blanco.
—¿Lo recuerdas entonces, Josemaía?
—Claro. Y hasta recuerdo lo que pensé al verte. O lo que sentí, más bien. ¡Me sentí más negro!
—Yo pretendí querer ayudarte, pero en realidad lo hacía más por mí que por ti. Sin embargo, tu madre —la pobre Cacha—, con sus

chancletas de palo y su sonrisa triste y cansada como su andar, con qué orgullo anunciaba:
—La señorita va a enseñá a leé a Josemaía...
Tu madre hasta te veía más alto y más fuerte desde que empezaste a leer. Aprendiste muy pronto. Demasiado pronto, pensaba yo con no sé qué extraña tristeza.
Leer. Un mundo nuevo de infinitos horizontes. El mundo es tuyo, Josemaía. El pasado. El futuro. ¡Conquístalos! ¡Corre! Que tú eres libre. Vuela con esas alas que el alba coloca en tu negra espalda.
¿Pero el hoy? El hoy no es tuyo, Josemaía. El hoy no sé de quién es. ¿De los ricos? ¿De los políticos? ¿De los militares? ¿De los curas?
Nos hicimos amigos. ¿Te ríes? ¡Pícaro...! ¿Es que te has olvidado? Yo te regalé mi más preciada posesión. Aquel libro escrito por un hombre bueno, el de la frente amplia y los ojos brillantes y profundos como los sueños de la humanidad. El libro que tenía el poema de los dos príncipes y el relato de los tres héroes. Tú eras mi único príncipe y héroe, Josemaía.
Me enseñaste los nombres de las estrellas y, ¡hasta aprendí a atrapar jaibas en las noches que nos escapábamos al embarcadero!
Fui libre aquel verano. Tú me enseñaste a ser libre. Enterré en la playa los zapatos de charol. Me desnudé los pies. Y el alma también... un poco.
—Hay duda en tus ojos...
—Sí, ¡porque yo era negro!
—¡Qué amarga tu protesta! Pero te quise. ¿Por qué no me crees? Dime, ¿por qué...?
—¿Por qué lo hice?
—Cuando me lo dijeron, ¡si supieras cómo sufrí! Nunca había llorado tanto. ¿Por qué ríes, José?
—No llorabas por mí. Llorabas por el juguete roto. Regresaste a la capital. A tus aulas y a tus encajes, como tú dices. Supiste que había robado, que había ido a la cárcel. ¿Y llorabas?
—No hables así, Josemaía. Me haces daño.
—¡Te hago daño! ¿Y el que me hiciste tú a mí? ¿No ves que me diste a probar la miel y te llevaste el panal contigo? ¿No sabes que sembraste en mí las ansias de saber, cuando estaba condenado a vivir sin más texto que el de mi pobreza? Me arrebataste después aquel mundo que me habías abierto. ¡Qué sola quedó la playa sin ti! Era verano y parecía enero. Sentí frío la primera noche que te fuiste.
—Pero mamá estaba haciendo gestiones para conseguirte una beca ... yo te había prometido ...

—Niña, mi niña del vestido blanco, yo nací sin esperanzas. No creía en nadie. Ni aun en ti supe creer.
—¿Y qué pasó después?
—Tú lo sabes... Pasaron los años... Vino la Revolución.
—Y creíste entonces. Me dijeron que creíste.
—Y te dijeron también que fui a tu casa, que me acompañaba la turba, que asaltaron, que robaron. Yo a la cabeza. No llores, niña. No, no es mentira, pero no es verdad tampoco. ¿Sabes tú que todo es así, ni verdad ni mentira? Sí. Yo estaba allí. Sí, todo pasó como dicen. Pero... yo iba en tu busca, ¡y ya no estabas! Odié a la humanidad entera, y me odié a mí mismo, y a mi orgullo y mi falta de fe. Y odié tu prisión y mi prisión y las prisiones del odio y los prejuicios y las prisiones de la revolución y las prisiones del mundo y del destino. Presos. Presos. Presos todos. Hui... Corrí...
—No, Josemaía, volaste... que tú tienes alas.
—Pues volé si tú quieras.
—¿Fue entonces?

* * *

Al intentar buscar asilo en embajada extranjera un general del ejército derrotado, ocurre encuentro con fuerzas de las milicias rebeldes. Un dirigente de las mismas aclaró que la muerte de la hija del general fue un accidente.

* * *

—Sí, fue entonces, mientras corría, que te vi. La bala te atravesó el pecho. La sangre brotaba a través de tu vestido blanco. Parecía que se te hubiese salido el corazón...
—¡Ya era libre, Josemaía, libre!
—¡Pero yo estaba preso aún! Y seguí corriendo... o volando, niña.
—Yo sé a dónde fuiste. Al mar, ¿verdad?
—Sí, y llegué ya de noche.

* * *

Un joven miliciano del Ejército Rebelde murió en la playa en cumplimiento del deber, defendiendo con su propia vida la Revolución que lo liberó de la opresión y la pobreza. José María Valdés apareció ahogado. Al parecer, agotado por largas horas de guardia, se quedó dormido y no sintió la alta marea que lo arrastraba.

* * *

—Mas no fue así, Josemaía, ¿verdad?
—No, niña. No estaba dormido. Yo caminé hacia la marea. Caminé hacia las olas que me llamaban. Sentía una voz. Oía mi nombre más hermoso que nunca.
—JOSEMAIA... Josemaííaa... Joseemaaííaaa...
—Era un murmullo y era una orden. Era el fin y era el principio. La muerte y la vida. Eras tú. Y era yo.

* * *

Es una leyenda extraña. Es cierto. Mas me pareció ver dos niños por la playa. Un niño negro, semidesnudo, y una chica vestida de blanco. Correteaban de la mano al amanecer, con tal rebosante júbilo que no puedo creer que me digas que son dos espíritus. Yo no creo en esas cosas.

Uva A. Clavijo

Tarde de domingo

La verdad es que no sé cómo puede ver la pelota con todo ese pelo en la cara. En la queja de la madre se mezclaba cierto orgullo.
—¿Cuál es tu hijo?
—Aquél, el pelúo.
—Hija, es que hoy en día son todos pelúos...
—Verdad que sí. Mira —señalando al jovenzuelo— el de los "shorts" azules y la camiseta con el escudo de Cuba.
—Por Dios, ¡cómo ha crecido ese niño! ¡Y qué gracioso está el "pullover"! ¿Dónde lo conseguiste?
—En Miami. Tú sabes que nosotros vamos todos los veranos. Me gusta el ambiente cubano, sobre todo por los muchachos, porque a uno no se le olvida.
—Y bien que sí, por eso este "picnic" ha sido tan buena idea. No sabes qué gusto me da ver a tanta muchachada cubana reunida. Y parece que lo están pasando de lo mejor.
—Es verdad que es inútil tratar de que hablen español entre ellos. Pero, al menos, con amistades cubanas, no pierden las costumbres.
Los chicos, cansados del ejercicio de la pelota, sudorosos y jadeantes, se acercaron. Ahogaban la sed en largos y fríos sorbos de Coca Cola. Era el momento de encender los "barbecúes".
—Pásame la mostaza.
—Yo creo que ya están los "hamburgers".
—¿Alguien quiere café?
—Esta mujer piensa en todo. ¡Hasta café cubano ha traído!
Caía la tarde. El gris iba robando luz al paisaje. No se observaban, como en los crepúsculos tropicales, los voluptuosos tonos de rosa y violeta. Fue tal vez esta ausencia la que despertó la nostalgia de los desterrados allí reunidos, e hizo exclamar a una señora de grises cabellos:
—¿Por qué no nos recitas algunos de esos poemas que tú sabes, Lucrecia?
El que más y el que menos dijo sus versos, narró alguna anécdota evocadora de la Patria. Finalmente, se unieron las voces entonando viejas melodías:

—Y si vas al Cobre, quiero que me traigas...
Mientras, los chicos, incansables, habían formado un pitén de "softball".
—Strike Out!

* * *

La voz, dramática y profunda, se oía en todo el salón. Retumbaba contra las paredes. Despertaba emoción. Hacía, tal vez, rodar alguna lágrima. Mas, ¿dejaba acaso alguna huella?
—Celebramos el 20 de Mayo. Fecha gloriosa en nuestro calendario... hito de nuestra historia...
Y así, la retórica y el sentimiento patriótico se extendieron por veinte largos minutos. (Sobre todo, terriblemente largos para los niños que no entendían nada y se movían inquietos en las lunetas). Por fin, el maestro de ceremonia anunció los números artísticos.
Se oyeron versos de Martí.
—Dos Patrias tengo yo: Cuba y la noche...
La audiencia suspiró emocionada cuando se proyectaron vistas de La Habana, el Capitolio, el Paseo del Prado, la Quinta Avenida, el Palacio Presidencial, Tropicana... Un trío improvisado entonó un popurrí. Los jóvenes —los muy jóvenes— interpretaron, con una banda de "Rock Music" la Guantanamera. Hasta que, al fin, llegó la atracción principal: el artista que había viajado desde lejos para traer a aquel grupo de compatriotas el regalo de su voz. Cantó. Con emoción. Con amor. Y con el mismo amor y la misma emoción el público lo aplaudió delirante. Hasta algunos chicos salieron entonando aquella nueva melodía.
—Cuando salí de Cuba...
A un viejo escéptico se le oyó decir:
—Bueno, al menos matamos el domingo.
Uno de los organizadores del acto lo miró con mala cara.

* * *

Vi al niño cerrar la puerta de la casa y acercarse al automóvil correteando. Un domingo sí y un domingo no. Así era como nos veíamos. De quincena en quincena iba acumulando cuanto quería decirle y ahora que lo tenía a mi lado, ¿dónde estaban las palabras?
¿Es esa la vida? ¿Una lucha por encontrar palabras? ¿O, acaso, por el contrario, una lucha por desvestirse de palabras?

No sé por qué pensé en ella en ese momento. Con frecuencia su recuerdo se unía al del niño. ¿Por qué son los dos seres que amo con mayor pureza? Ella y el niño, sin embargo, nunca se han conocido. ¿O sí? (¿Por qué, Dios, tantas preguntas?) ¿No hay una forma de conocerse que nada tiene que ver con haberse visto o conversado? Porque de seguro ella y yo nos conocíamos de siempre. Intenté, inútilmente, alejarla de mis pensamientos. Así vivo yo, ahuyentando la ternura.

—¿Ya comiste?
—No.

Puse el auto en marcha. Tomé el "expressway".

Mi infancia había sido mucho más protegida —tanto más protegida— que la de mi hijo. Belén. La playa. Mis padres. Mis amigos. Mi amor a Dios. Mis ideales.

Y de pronto, una habitación de doce pies por doce pies. En ella, ¿cuántos? Cincuenta, sesenta, un millón de hombres. Una puerta maciza de entrada y una ventanita en lo alto de una de las paredes por la que se filtraba la escasa luz que veíamos.

El olor. Olor a humanidad sudada. A mierda. A orina. A miedo. ¿Cómo huele el miedo?

—Papi, ¿podemos ir a la pizzería?

Debo haber asentido con la cabeza. Rumbo a la pizzería fuimos. Al menos, era un rumbo.

¿Cómo se le explica a un niño la diferencia entre oler pizza y oler miedo?

Desistí. Quizás el próximo domingo . . .

* * *

—Oye, Maruja. ¿Viste la crónica de hoy?
—No, si acabo de llegar de misa . . .
—Pues salieron los quince de Julita.
—¡No me digas! Déjame ver.
—Mira, mira todo lo que dice del lujo, de los trajes . . .
—¡Qué descará'a esa gente . . . ! En Cuba no tenían ni dónde caerse muertos, y ahora, que si el carro del año, que si casa nueva, que si fiesta de quince, y total, siempre serán unos chusmas. Na'a, hija, que este exilio nos ha igualao a to'os.
—Oye, vieja, y tu niña ya ahorita cumple los quince, ¿es que no se los vas a celebrar?
—Claro que sí, comadre, pero es que yo se los hubiera celebrao de todas formas. No creas, que es un dolor de cabeza, pero, ¿qué no hará

uno por los hijos? Tú te salvaste que na' más tienes varones.

* * *

En Cuba, los domingos, a no ser en caso de emergencia, no se fusila ya.

Dos jóvenes, uno de diecisiete años, otro de veinte, intentaron alcanzar la libertad, nadando, por la bahía, hasta la base de Guantánamo. El miliciano de guardia los vio enseguida. Esperó pacientemente hasta tenerlos cerca. Con dos diestros balazos quedaron ambos sin vida, pero el miliciano siguió descargando la metralleta sobre los cuerpos ensangrentados que se hundían en las cristalinas aguas tropicales, tiñéndolas de rojo vivo.

Fueron las únicas dos muertes violentas ese domingo en Cuba. Y ni siquiera se publicó en los periódicos.

Junio 1974

José Sánchez-Boudy

La fiesta

> *La connais-tu, Daphne,*
> *cette ancienne romance*
> *au pied du sycomore,*
> *ou sous les lauriers blancs.*
> —*Delfica.* Gérard de Nerval

I

Yo todavía recuerdo aquella noche en que el calor se sentía como algo sensual y pegajoso. Atravesé la callejuela estrecha. Estrecha, tan estrecha, que los muros de las casas casi se tocaban. Me comió profundamente aquel perfume, aquel perfume del galán de noche. Fue en el Cerro. Y hoy recuerdo, además de la historia, el detalle de las callejuelas y la casa de madera pintada toda de un amarillo muerto. La fiesta la daban sus abuelos. Y ella era la preferida de los abuelos.

Yo llegué temprano, en busca de pareja, y con aquel ridículo traje azul marino y el lacito negro que usaban también los cantineros. No era buen bailador y siempre pasaba las noches de pareja en pareja, sólo preocupado por el movimiento de los pies; de mis pies. Y el bailar mal me aterrorizaba y me iba creando un complejo que, aún hoy, llevo clavado entre pecho y espalda.

Yo conocía a la familia hacía muchos años. Era un íntimo amigo. Y como las muchachas, después de cada pieza, me dejaban por mis pies zurdos, me puse a caminar hacia dentro de la casa. Y llegué a un apartamento donde sonaba cercana la música de la orquesta.

II

Y allí la encontré a ella. Vestida de largo. Con su cara muy pálida y aquella mirada suplicante en sus ojos. Yo titubeé al verla. Siempre la había conocido y me daba pena su belleza. ¡Pero aquellos ojos suplicantes! Y la tomé por el talle. Y las horas se fueron entre el "Guerlain" que nos envolvía, desprendido de sus cabellos y su cuerpo de casi niña y el calor de sus mejillas, coloradas por las vueltas de los valses. Ella, algunas veces, me apretaba las manos y sólo atinaba a decir siempre las mismas palabras: "Carlos", "Carlos". Y después se quedaba ida, como soñando con paisajes imaginarios.

III

Y llegó la madrugada y el padre con ella.

—Lorelei, hija mía —le dijo—, es hora de irse a acostar.

Ella lo miró como en un sueño y antes de darme la espalda para retirarse, yo vi que sus ojos preguntaban si la quería.

Yo besé su mejilla. Más colorada que nunca.

Después caminó suave hacia su cuarto. El padre la siguió, mirándome con ojos agradecidos. Cuando salió me dijo: "no la interrumpí porque estaba contigo; ha sido feliz. Y su hermana también en su fiesta de quince años".

IV

Y yo aún pienso en la pobre loca envuelta en su seda blanca. Tal vez me vio aquella noche como un príncipe en su mundo de fantasías y de cuentos de hadas.

Ella se fue pronto, silenciosa, con la misma belleza alada y la serenidad triste de su locura.

Fue la única vez que bailé toda una noche con la misma mujer, en una fiesta de mi juventud.

III. Raíces y familia

José Kozer

Abuelo enfrenta la muerte

No como si fuera un accidente,
no como si fuera dejar Praga y llegar a La Habana,
ocho años después traer a mamá,
colocarla detrás de la caja contadora,
imbuirle unos principios,
regalarle cartuchitos de cerezas importadas.
Abuelo enfrenta la muerte,
no como un hidalgo español,
ya que era bodeguero,
cerraba el sábado,
lloraba cubierto de cenizas frente al tabernáculo.
¡No! Abuelo no enfrenta la muerte,
ni con gallardía,
ni con resignación,
ni con un grito que se evapora en el mediodía habanero.
Se empieza a poner gris como los restaurantes de Praga,
se enrolla precipitadamente las filacterías,
el cielo de Cuba cae sobre su Yom Kipur.
Y aquí,
a tiempo todavía para ver la última procesión que regresa a la iglesia
                                                                                      del Carmen,
a tiempo todavía de despachar otro pedido,
reunir a los nietos, regalar una moneda americana de veinticinco a
                                                                                      cada uno,
abuelo enfrente la muerte,
muriéndose de cáncer.

José Kozer

**Te acuerdas, Sylvia, cómo trabajaban
las mujeres en casa**

Te acuerdas, Sylvia, cómo trabajaban las mujeres en casa.
Parecía que papá no hacía nada.
Llevaba las manos a la espalda inclinándose como un rabino fumando
 una cachimba corta de abedul, las volutas de humo le
 daban un aire misterioso,
comienzo a sospechar que papá tendría algo de asiático.
Quizás fuera un señor de Besarabia que redimió a sus siervos en
 épocas del Zar,
o quizás acostumbrara a reposar en los campos de avena y
 somnoliento a la hora de la criba se sentara
 encorvado bondadosamente en un sitio
 húmedo entre los helechos con su
 antigua casaca algo deshilachada.
Es probable que quedara absorto al descubrir en la estepa una
 manzana.
Nada sabía del mar.
Seguro se afanaba con la imagen de la espuma y confundía las
 anémonas y el cielo.
Creo que la llorosa muchedumbre de las hojas de los eucaliptos lo
 asustaban.
Figúrate qué sintió cuando Rosa Luxemburgo se presentó con un
 opúsculo entre las manos ante los jueces del Zar.
Tendría que emigrar pobre papá de Odesa a Viena, Roma, Estambul,
 Quebec, Ottawa, Nueva York.
Llegaría a La Habana con un documento y cinco pasaportes, me lo
 imagino algo maltrecho del viaje.
Recuerdas, Sylvia, cuando papá llegaba de los almacenes de la calle
 Muralla y todas las mujeres de la casa Uds. se alborotaban.
Juro que entraba por la puerta de la sala, zapatos de dos tonos, el traje
 azul a rayas, la corbata de óvalos finita
y parecía que papá no hacía nunca nada.

Alberto Romero

Mi familia

Mi familia, con el paso de los años,
se ha convertido en recuerdos:
Tarjetas de bautizos,
una película que nadie olvida
y un tema musical.

Los vecinos, los amigos,
mi abuela, mi suegra y mi sobrino,
fueron muriendo sin premeditado interés,
como es tradición,
para convertirnos en una familia
que nunca come unida,
una casa en la que ya nadie ríe
y donde nunca existe un día de fiesta.

Allí, hoy sólo son unos pocos
y yo, desde lejos, les envío mis fotos
y de vez en cuando
una cuchillita de afeitar.

Omar Torres

Mi madre

Mi madre sueña, mi madre vela.
Hondeo en tu rostro, madre,
una sonrisa y el llanto que me diste.
Te siento en el silencio
que atraviesa tu frente
y en el beso que no puse en tus mejillas;
en tus blancas manos ya manchadas por el tiempo
y en ese "cuídate, mi hijo" que aún repites.

Lourdes Casal

Los fundadores: Alfonso

*Wei wu wei
Hacer sin hacer.*

La biznieta 1

Contaba mi abuela que su padre, ya ciego, a los sesenta años y a los cincuenta de su llegada a Cuba, se enfurecía espumosamente si movían cualquier mueble de su sitio. Recorría la casa como guardián infalible del orden del mundo, cuadrando las sillas, constatando que las mesas estaban en sus lugares precisos. Enhiesto, con los bigotes canos chorreándole sobre la barba lampiña y las manos nudosas viendo el mundo y reconstruyéndolo. Caminaba con paso seguro —sus pies en las casi rituales alpargatas azules— y la guayabera de hilo meticulosamente planchada cayéndole sobre los pantalones de dril blanco.
Cinco décadas desde la infernal travesía y al fin el sueño de la respetabilidad —algo adaptado, sin duda, pero también sin duda hecho realidad en el cuadriculado de la sala formal: los muebles de caoba y rejilla, el piano, el espejo de seis pies de alto, los gobelinos gigantescos y la lámpara araña que degranaba su luz innecesaria a través de los cientos —¿miles?— de piezas de cristal tallado.
Tres golpecitos nerviosos de bastón presagiaban la tormenta —una silla descuidadamente inclinada o peor, un objeto desconocido que bloqueaba un espacio antes abierto. Gritos acerca de las intenciones asesinas del resto de los habitantes de la casa.
Restablecido el orden, Alfonso López se dejaba caer sobre el sillón del comedor.

Alfonso 1

Tú te dejabas caer sobre el sillón y al sentir la familiar presión de la rejilla en tu espalda huesuda, sabías que todo estaba en su lugar. Después, cerrar los ojos (o dejarlos abiertos, era lo mismo) y mirar hacia atrás que es hacia donde único se puede mirar con los ojos cerrados y/o ciego y setenta años sobre las costillas. Tú no fumabas —diez años cuidando las hojas en la vega te quitaron muy temprano todo el gusto por el tabaco— aunque siempre habías vivido de los que lo hacían y te parecía que todas las memorias de tu vida te venían siempre envueltas en humo. Como si todas las cosas recordables de tu vida hubieran tenido lugar en cuartos pequeños y neblinosos.

Historia 1

La importación de culíes a Cuba se inició en julio de 1847 (Zulueta & Co., de Londres, barco español *Oquendo,* 206 chinos) y continuó morosamente primero, con verdadera animación a partir de 1853, y agitada y provechosamente desde luego —innecesario decir para quiénes— hasta 1874, después de la visita a La Habana del enviado imperial, el mandarín Chin-Lan-Pin, investigador-del-destino-de-los-hijos-del-gran-imperio-contratados-para-trabajar-en-el-imperio-de-la-nueva-España. Quien, alertado por Eça de Queiroz, decidió salirse de la engañosa capital y recorrer el interior de la Isla. A consecuencia de su informe, se terminó la trata contrata.

La contrata: $4 mensuales por ocho años. Y parecía, allá en el sur de China, en los estertores de la dinastía Manchú, una suma fabulosa. Y después de todo, Manila no estaba demasiado lejos y Tai-Lay-Sun era, desde luego, Manila. Cuando el viaje se prolongaba —hasta Cuba, eran 150 días— los sueños se volvían amargos. ¿Cuántos se suicidaron? Otros recurrieron a la rebelión. Para morir después de obtener el control de barcos que no sabían controlar. Hay leyendas, historias, de barcos fantasmas, de *clippers* espectrales, avistados a la deriva en alta mar y abordados, a veces, por marineros aterrados ante el espectral espectáculo de 300 ó 500 cadáveres. La libertad y su precio.

Alfonso 2

Wu Liau, tu padre, había sido discípulo de Hung-Hsui-Chuan. Le habías oído hablar del Reino de la Gran Paz y del Camino y de Cristo y de la Revolución. Probablemente tan confusamente como lo recuerdas ahora. Capturado junto con otros rebeldes, un mandarín de Fukien lo vendió a Tanco, el colombiano negociante en culíes. Se suicidó, ahorcándose la noche antes de embarcar. Vagamente recuerdas los duros tiempos que siguieron. Seis hijos y ser la viuda de un rebelde no ayudan mucho en un país donde la miseria necesitaba tan poquísimo estímulo, en un imperio en franco estado de descomposición. Así que tú, pocos años más tarde, decidiste tomar el puesto rechazado por tu padre en el barco. Quizás Taipings, el Reino de la Gran Paz, pudiese florecer más allá del mar, en las tierras de la nueva España. Quizás po-

drías regresar un día y ser un hombre y no un juguete de mandarines y otros tiranuelos.
Todavía cuarenta años más tarde te quemaba la frase. "Te engañaron-como-a-un-chino". Oíste una vez a tu hijo Alejandro usarla inocentemente. Ya estabas casi completamente ciego, pero no manco y le pegaste un bofetón tan fuerte que lo tiraste de nalgas sobre un cantero del patio. Manila, Manila que se te convirtió en La Habana sin tú saberlo: meses y meses de azul —el Pacífico es un océano inhumano, transhumano— días y tardes y noches de sol y frío y salitre calándote los huesos; días y noches y tardes de arrebujarte contra la madera tratando de escabullirte el hedor de quinientos cuerpos hacinados y semidesnudos, y siempre el azul y luego la tierra —que no era, sin embargo *la tierra*— y la travesía en tren y luego otro barco y más azul y al fin, la nueva España.

¿Cuántos viste morir a tu lado? Unos se iban en fiebres extrañas, otros en abominables diarreas, otros sencilla, parcamente, si se les presentaba la oportunidad, se tiraban por la borda. El sueño de la Gran Paz y el sueño de la muerte.

Pero ahora que podías dejarte caer sobre el sillón y sentir la rejilla sobre tus espaldas huesudas; ahora que podías prescribir exactamente el lugar donde debía colocarse la mesa del jarrón, ahora que tu perro viene en cuanto te sientas y se te echa sobre las alpargatas azules, ahora te sentías finalmente en paz. Y ésta, la paz de las alpargatas y la sala formal y el patio con la reata y las begonias y la enredadera y el olor penetrante a ilang-ilang en las noches claras de verano, esta paz, si no era la gran paz, era la tuya... Y te bastaba.

¿Culpa? Pero si tú bien tienes derecho a la paz, ahora que da lo mismo que abras o cierres los ojos, pues en tus tiempos viste demasiado —son demasiadas guerras y muertos en los años de tus ojos con luz.

Wu Liau —recuerdas cómo lo trajeron y lo depositaron como un fardo amoratado en medio de la sala frente a sus ojos despavoridos y los gritos de tu madre. Así termina la revolución —con una soga al cuello y la camisa mugrienta y dos guardias imperiales que te tiran al suelo sin decir palabra y una viuda histérica y seis huérfanos, y tú —el mayor— loco que un día, ocho años más tarde, sin encomendarte a Dios, ni al diablo, ni a los antepasados, saldrás a buscar a Tanco cuando te dijeron que estaba de nuevo por Cantón, contratando.

Para llegar a Cuba y encontrarte allí con otra guerra. Tu dueño —perdón, tu contratista— no te pudo mandar para el azúcar (había fuego en los cañaverales de Oriente) y te puso a trabajar en el tabaco, en Alquízar, cerca de La Habana, donde casi parecía que no había guerra. Ahora llevabas el apellido de tu dueño —Alfonso López: el nombre, que también te dieron. Nombre flamante, nuevo y español, para la nueva España. "Nunca hubo un chino desertor ni traidor", te dijeron, después, que dijo Máximo Gómez. Pero ahora acababas casi de desembarcar y te atemorizaban los ruidos y las historias de la guerra y el reino de la Gran Paz parecía más lejos que nunca. Hasta tu vega —no tuya, de López, claro, pero vamos, no hay que perderse en cuestiones retóricas— hasta tu vega llegaban los rumores de la manigua, aun en la apacible —relativamente— Habana. En Las Guásimas, (claro que no lo sabías entonces, pero se comenzó a pelear el día mismo en que desembarcaste, el 15 de marzo de 1874), pelearon muchos, muchos chinos. Te lo decía Pablo Chang que quería alzarse y llevarte con él. Hay hasta chinos comandantes, te seducía Chang y súbitamente te imaginabas como un mandarín, cabalgando por los campos de Cuba al frente de cientos y cientos de jinetes; tú con tus ropas bordadas y un birrete adornado con botones de cristal y tu pluma de pavo real. Pero el fardo amoratado de Wu Liau pesaba demasiado en tu memoria. Y en lo que decidías se acabó la guerra. De todas formas, el comandante Sian —después lo supiste— andaba descalzo y era el único en su tropa que tenía chamarreta: deshilachada y sin color, de tanto lavarla. Cuando murió no hubo quien le pusiera monedas en la boca, ni monedas que ponerle. Y ahora, de ellos, no se acuerda nadie . . . La gente ni sabe que hubo chinos que pelearon.

Además, después de una guerra chiquita y otra grande y las guerritas, y las vacas gordas y las vacas flacas . . . has aprendido mucho. El marido de una de tus hijas llegó a coronel en la guerra del 95 y ¿qué ganó? Que lo balearan a traición, negro guapo que era, el coronel Isidro . . . No, ciertamente no. No hubiera valido la pena ser comandante.

Lo que pasó con aquellos chinos que se metieron como locos a hacer la revolución era que todavía les quedaba la locura Taiping rondándoles en las cabezas . . .

Historia 2

El Imperio "fue sacudido hasta los cimientos" por la revolución de los Taipings (1850-1864). O mejor, de los cimientos corrompidos del Imperio salieron los Taipings. Hung Hsiu Chuan: visionario, profeta, líder militar. Una oscura rebelión de campesinos que se convirtió en una verdadera revolución. *No* a la aristocracia imperial, *no* a la ética de Confucio, *no* al culto a los antepasados, *no* a los Manchú, *no* a la propiedad privada. *Sí* a la reforma agraria, a la igualdad de la mujer y a la reforma del lenguaje. *No* a los terratenientes y mandarines. *Sí* a un milenarismo revolucionario, teñido de cristianismo curiosamente adaptado. Los Taipings creían que su misión era crear un cielo en la tierra —el reino de la Gran Paz, que proclamaron solemnemente en Nanking, al tomarla en 1853. Pero la corrupción del poder destiñó el puritanismo utópico de los años duros. Y los beneficios del comercio del opio —que situaban sólidamente a Francia e Inglaterra al lado Manchú— y el Ejercito Siempre Victorioso (compuesto de mercenarios, con un líder inglés y todo, el llamado Charles George Gordon) y los terratenientes de Hunan que armaron el ejército de Tseng-kuo-fan, y quizás el haber surgido unos ochenta años antes de tiempo, acabaron con los Taipings. Cuando Tseng-kuo-fan recuperó Nanking para el Imperio, en 1864, era obvio que el exterminio de los Taipings era sólo cuestión de tiempo.

Alfonso 3

El despalillo era cosa de mujeres. Era allí que trabajaba Amalia, mujer ciertamente diferente, mulata y zoqueta y montaraz, hija de negra de nación liberada por su amo-padre-blanco. Amalia, despalilladora en la fábrica más grande de entonces en Güira de Melena (un chinchal, dirías hoy), Amalia, que te puso los puntos sobre las íes cuando trataste de llevártela al monte: "Papelito-jabla-lengua" dijo burlándose con fingida media lengua. Y te explicó cómo su madre le había enseñado que con los hombres había que ser firmes y por eso ella no abría las piernas. "Primero, a casarnos". Diste una vuelta en redondo y te marchaste sin decir nada. ¿Qué se creía esa mulatica del diablo? Ya tú habías tenido dos hijas —y nadie te había hecho firmar papelito todavía. "Que se guarde su tesoro, que no por mucho cerrar las piernas va a impedir que se lo coman los gusanos", pensaste y escupiste un salivazo por el hueco del colmillo izquierdo. Le diste una patada al limonero que casi lo tumbas. ¡Qué se ha creído esa mulata, coño! Pero no podías dejar de pensar en los ojos saltones y la boca pequeña y los cabellos negrísimos recogidos hacia arriba y aguantados por una peineta, y la risa burlona y las manos y ese color canela subido que te quemaba los ojos y que ahora mismo te ardía en la brageta. Diste otra patada al limonero. Vuelta en redondo. Le tiraste una piedra a la ventana. Se asomó. "Nos casamos". Te sonrió. "¿Cuán-

do?", te preguntó. "Cuando tú quieras", le dijiste sonriendo tú también.
"¿Un adelanto?", suplicaste medio en broma, medio en serio. La carcajada la oíste ya tras la ventana cerrada. Gritaste "Hasta mañana", te montaste de un salto en el caballo y corriste el camino entre tu casa y la de ella cuatro veces en esa noche, sin poder detenerte, con la verga irremisiblemente erecta pugnándote por salírsete del pantalón. Y corriste y corriste, sentías la cabeza como si estuvieras borracho —y sin duda lo estabas—, borracho de Amalia y de viento y de palomas y corriste hasta que el caballo se echó al suelo, casi desmadejado junto a la entrada de la lechería —claro, también de López, como lo habías sido tú— y te bajaste de la bestia y te tiraste al suelo junto a ella, y a la mañana siguiente los encontraron a los dos, así todavía, tumbados y boquiabiertos, húmedos, cubiertos de rocío.

Historia 3

Entre 1847 y 1874 llegaron a Cuba unos 125.000 "asiáticos". Se estima que lograron regresar a China unos 10.000. En 1899 cuando los interventores norteamericanos completan el Censo y cierran la inmigración, quedan unos catorce mil chinos —la mayoría de ellos "californianos", es decir, no culíes, sino chinos venidos a través de los Estados Unidos. En 1862, de 346 suicidios ocurridos en la Isla, la mitad justa —173 de ellos— fueron "asiáticos". Total: cien mil muertos (suicidios, abusos, guerras, fiebres, y desde luego, vejez, pero, ¿cómo catalogar las muertes de tristeza?) en unos cincuenta años.

Esteban Montejo habla de los chinos: "Había muchos de nosotros en la esclavitud. Negros, chinos, indios y muchas mezclas. Los chinos siempre mirando y pensando. Los negros, moviéndose todo el tiempo y haciendo algo. Los chinos, siempre que había tiempo para sentarse, se sentaban a pensar . . . el domingo o algún otro día de fiesta, nos poníamos a bailar, los chinos se sentaban y nos miraban, como si estuvieran resolviendo algo en sus cabezas . . ."

Alfonso 4

Decían por el pueblo que estos mambises sí que no se andaban con cuentos. Al frente iba el coronel Isidro, un negro gigantesco, decían, capaz de estrangular un caballo a mano limpia, terror de los peninsulares y de las criollas. Toda su tropa era de negros, decían, y para asaltar de noche y mezclarse mejor con el negror de la manigua, atacaban desnudos, machete en mano. La guerra, ahora sí, había llegado a Occidente. Tú te acordabas de los Taipings y les dabas tabaco y a veces, puercos, pero también te acordabas del cadáver de Wu Liau y decidiste quedarte con tu familia: Amalia te había dado una hija —Carmen—, tu primera en matrimonio, y el anhelado varón —Sebastián— le pusiste (el nombre que te hubiera gustado tener y no te dieron). Tu hija mayor, Eugenia, había venido a vivir contigo (la madre murió en una epidemia de viruelas). Así que tenías su familia que cuidar —la paz, la gran paz, empieza por casa. Ya bastantes problemas tenías con tu hija segunda —Leonor—, la que tuviste con aquella canaria de Colón y que te había salido marimacho y rebelde. Leonor, que se parecía mucho a Wu Liau y un poco a ti, se escapó una noche a caballo, y por poco revienta al animal, tratando de llegar a Oriente. No llegó, pero se topó con las tropas de Pancho Pérez por la Esperanza y se les unió, y no habías logrado saber más de ella. Una hija alzada, y Carmen que de milagro había sobrevivido la viruela y ahora este coronal Isidro caminándote desnudo por las vegas... Que la gran paz seguía tan lejana como siempre —a pesar de la casa nueva que te había ayudado a alzar los vecinos en un santiamén; a pesar de la pequeña finca —ahora tuya— donde sembrabas hortalizas y árboles frutales y criabas puercos para la casa, y hacías tus experimentos tratando de sembrar arroz como lo hacían en Fukien; a pesar de tu tabaquería que iba floreciendo con el pueblo y la guerra —que al parecer, hacía que la gente fumara más y no menos.

Y ahora las lluvias y llegaste tarde a la casa y te encontraste a Amalia sentada en el portal, con Sebastián en los brazos, esperándote, y supiste de inmediato que algo andaba mal cuando le viste el rostro desencajado y el ceño fruncido. "Esa hija tuya", mordía las palabras, recalcaba el "tuya". "Tienes que hablar con ella". Te sentaste en silencio a esperar que hablara. Te quitaste el sombrero y lo ensartaste en uno de los palos de la varanda. "Esa hija tuya no le hace caso a nadie y está tan loca como Leonor". Te estremeciste. Leonor era un nombre que siempre te daba como un puñetazo en la boca del estómago y te dejaba sin aire. Era grave, si Amalia estaba mencionando a Leonor. Te quitaste la bota izquierda. "Esa hija tuya, Alfredo, una mocosa de dieciocho años, y anda en asuntos de hombres". Te quitaste la bota derecha, sonreíste y le dijiste suavemente. "Amalia, tú tenías dieciséis años cuando nos casamos". Amalia dio un manotazo sobre el sillón que estremeció el portal y sacudió el taburete donde estaba sentado Alfonso. "Tu hija Eugenia anda en amoríos con el coronel Isidro". "¡Eugenia!", tronaste. Se asomó a la puerta. Tenía un marpacífico en el pelo. Muchos años después recordarías esta escena y siempre, siempre, lo primero en venir a tu memoria era el marpacífico. "¡Siéntate!" Haló otro taburete y lo puso frente al tuyo. Te miró a los ojos y te viste reflejado en unos ojos idénticos a los tuyos. "¿Qué es lo que está pasando?" Te sostenía la mirada, tan fiera como la tuya. "Que tengo novio, padre; él quería venir a hablar con usted y yo se lo dije a Amalia para que le pidiera permiso. Pero ella se puso furiosa". Dabas golpecitos con los pies desnudos en el piso que tus botas llenaron de barro. "¿Es el coronel Isidro?", preguntaste, y Eugenia asintió con la cabeza. Te zafaste el cinturón y lo dejaste caer al piso, machete y todo. "No te quiero viuda antes que casada"... Habías hecho un bulto con la guayabera empapada, la apretabas en tu mano izquierda y le dabas puñetazos con la derecha. "Nadie va a matar a Isidro. No ha nacido el hombre que sea suficientemente hombre para eso. Nos casaremos en cuanto termine la guerra y ya eso será pronto. Lo único que quiero es que usted lo sepa y apruebe. No debe saberlo nadie fuera de esta casa".

Echaste el taburete para atrás y lo recostaste contra la pared. Le quedaron las patas delanteras en el aire y tus pies desnudos y embarrados en el travesaño. Tu hija aún te sostenía la mirada. "Eres una zoqueta, Eugenia". Calló, pero no dejó de mirarte. Te levantaste de un salto y te quedaste en pie, a menos de unas pulgadas de ella. Alzó la cabeza para seguirte mirando a los ojos. Amalia creyó que la ibas a abofetear. Eugenia te dijo luego que ella sabía que no lo harías. Le agarraste la cara con tus manos mojadas y le diste un beso en la boca. "Que me venga a ver en cuanto pueda". Recogiste el sombrero de yarey y, con grandes zancadas, entraste en la casa.

Historia 4

El final de la guerra vino en efecto, pronto. Con los americanos vino el final. Y viceversa. Y también otro principio. Muchos de los chinos que quedaban se habían ido concentrando en La Habana, en lo que después fue el Barrio Chino: comenzó en 1858 cuando se establecieron en la calle de Zanja Chang Ling, que abrió una fonda, y Laig Sui-Yi, que puso un puesto de frutas.

Desde 1860 habían comenzado a entrar a Cuba los "californianos", que ya venían con algún dinero. Eran los chinos empresarios: no sólo pequeños comerciantes sino también boliteros, charadistas. En 1873 ya hay un restaurante de lujo en Dragones y un teatro chino. En 1878 se funda el primer periódico.

El Barrio Chino se consolidó cuando en 1913 se abren de nuevo las puertas a la inmigración, cerradas por los interventores. Entre 1913 y 1929 entraron unos 30.000 chinos, esta vez inmigrantes regulares: el sueño de la nueva España o de la nueva Cuba era indudablemente un sueño poderoso.

Alfonso 5

Fue el día de la boda de Carmen: el único día que te emborrachaste en tu vida. "Tiró la casa por la ventana" decían los vecinos. Era tu última hembra por casar, y te sentías ufano de una obra bien cumplida. Cinco hijos (tres hembras) y todos gente-de-bien. Nada como tu compadre, Salvador Monleón, el patriarca más venerado de Alquízar, tuvo tantos hijos que no los conocía a todos de nombre. Buen semental, ese Salvador. Se quedó en el pueblo cuando todos ustedes vinieron para La Habana. Nadie sabe a ciencia cierta cuántos hijos tuvo, pero un día de su cumpleaños tú contaste cuarenta y cinco presentes en la fiesta, de todos los colores y tamaños —algunos más pequeños que los nietos. Fue Salvador quien te ayudó cuando, recién terminada tu contrata, por poco tienes que reenganchar porque nadie te daba trabajo. Te dijo: "Bueno, pues yo necesito alguien que sepa de trabajo y sea honrao", y sonrió como diciéndote que sabía que tú cumplías ambas condiciones. Y ese día comenzaste a ser libre. Fue una hija de Salvador, Bértila, quien te enseñó a leer y escribir el castellano. Fue en casa de Salvador que conociste a Amalia, tu mujer, medio hermana de la mujer de él.

Y ese día de la boda de Carmen cuando lo viste agacharse para pasar por el portón —hombrazo que era— y lo viste en medio de la neblina que ya te acompañaba siempre, supiste con dolorosa certeza que pronto ya no lo verías más, y decidiste emborracharte con él a puro ron, a nombre de los buenos tiempos pasados y de los que ya no serían más.

Como nunca se te había visto borracho, tus hijos armaron la gran alharaca. Carmen se puso histérica de risa y le dio tal hipo que casi no se puede ir de luna de miel. Eugenia se puso furiosa porque le dieron celos de que te emborracharas en la boda de Carmen cuando en la de ella no probaste una copa. Leonor se sentó en un sillón al lado tuyo y se echó contigo —mano a mano— una botella de ron peleón. En eso llegó el coronel Isidro y le dijo: "usted es de verdad una generala" (que así le decían a Leonor desde la guerra, aunque en realidad sólo había llegado a teniente). Y se sentó a beber con Leonor y contigo y se tomaron (ahora a pico de botella) una de aguardiente cada uno. Y cuando Leonor dijo: "me los echo a los dos", Isidro y tú le aceptaron el reto y apostaron lechón asado para toda la familia, a pagar por el que se cayera primero, y dos galones de ron, a pagar por el que se cayera segundo. Y cuando llegó la hora de contar, Isidro y tú estaban por el suelo y Leonor dijo: "Que no es con los cojones que se bebe" y fue a levantarse y se cayó redondita y hubo que dejarlos dormir en el patio a los tres, tal era la peste a aguardiente que tenían.

Biznieta 2

Alfonso se negó a vivir en el Barrio Chino cuando vivo para La Habana. Alquiló una casa cerca, sin embargo. Y se iba a veces caminando a buscar carne de puerco ahumada y pan dulce y azúcar-candy y frutas abrillantadas.

Alfonso 6

Y ahora que te puedes dejar caer en el sillón y sentir la rejilla sobre tu espalda huesuda y mirar hacia atrás y ver a través del humo que has vivido muchos tiempos malos, pero también muchos buenos; sabes que es 1924 y tú nunca pensaste que ibas a llegar a tantos años. Y acaricias la empuñadura de tu bastón y respiras hondo y puedes quedarte dormido sin temor. Porque después de todo has tenido el raro privilegio de sobrevivir y morirte sentado en un sillón, rodeado por cinco hijos, cinco nietos, dos perros y una jicotea.

Biznieta 3

¡Ay, el gran dragón con los ojos de fuego y la boca amenazadora y las barbas! A bailar el dragón por las calles engalanadas con foquitos de colores y banderitas de papel. A bailar el dragón en medio de los cohetes. Y esperar el premio de las lechugas y el dinero y al final la fiesta con el vino de arroz. Pero el dragón, más allá del desfile, más acá del sueño; el dragón, desinflado ya, el dragón —en realidd termina mordiéndose la cola—.

Angel A. Castro

En el hospital

Un agudo dolor en el vientre fue lo que sintió. Luego una visión súbita de que todo se desvanecía a su alrededor.
Fueron dos los jóvenes que lo habían atacado, lo habían herido y robado la cartera y el reloj de oro. Todo fue tan súbito, que sólo pudo ver las espaldas de los atacantes..., todo fue muy rápido, cuestión de segundos..., los asaltantes huyeron y Luis García yacía herido en el suelo, en una calle de la ciudad de Nueva York.

* * *

Al rato se incorporó, se vio herido en el vientre, se dio cabal cuenta de lo sucedido, y con el pañuelo detuvo por un momento la sangre que manchaba la camisa. Con trabajo se paró y se dispuso a ir al hospital. Nadie se acercó para ayudarlo. Pero, por fortuna, estaba cerca del hospital "Money $$ Medical Center"; precisamente hacia él se dirigía cuando lo hirieron y robaron, y sólo estaba a unas pocas cuadras.

* * *

Reuniendo todas sus fuerzas, comenzó a caminar..., primero lentamente..., luego, más aprisa. Caminaba con dolor... pero sobreponiéndose al dolor... caminaba, no quería morir... y sí quería vivir..., tenía que caminar..., caminar hacia el hospital.
Al rato vio los contornos del edificio gris del hospital.
Sentía dolor, pero no cejaba en su empeño..., el hospital estaba más cerca.
Minutos después entraba por la puerta principal. Ahora lo atenderían médicos y enfermeras, estaba salvado. Se le había escapado a la Muerte..., los médicos le salvarían la vida. Había vencido a la Muerte.

* * *

Más de treinta personas esperaban sentadas en los bancos en la sa-

la de la planta baja. Detrás de un mostrador de mármol negro, una recepcionista parecía ser la encargada de atender a los pacientes. Luis se le acercó y le dijo:
—Miss, do you speak Spanish? (¿Señorita, habla Ud. español?) —dijo con acento hispano.
La joven lo miró y le dijo:
—Sí, señor, soy puertorriqueña...
—Qué suerte tengo —se dijo interiormente Luis, la suerte está de mi lado; si hubiera sido norteamericana no podría hablarle, no sé hablar inglés.
Luis se dijo: "Nada, dentro de mi desgracia, he tenido suerte: primero, el hospital estaba cerca del lugar donde me asaltaron..., y la empleada hablaba español, podría haber resultado peor".
—Señorita... he sido víctima de un asalto, estoy gravemente herido... —expresó Luis.
La empleada contestó:
—Tiene que esperar..., hay muchos esperando... ¿Tiene Ud. seguro médico...? Mire, tiene que llenar este cuestionario... —era una planilla con muchas preguntas.
—¿Dónde trabaja? —le preguntó la recepcionista.
Luis, molesto, le contestó:
—Señorita, ¿no ve usted que estoy sangrando?... Quiero que usted llame al Dr. Antonio García.

* * *

Algunos de los pacientes que esperaban en la salita se levantaron de sus asientos. Un hombre grueso se le acercó..., pero en ese momento Luis se desmayó. La sangre le cubría la ropa, desde el estómago hacia las extremidades inferiores; el pantalón y la camisa estaban manchados de sangre.

* * *

La empleada pareció condolerse —al fin—; habían pasado veinte minutos más desde la llegada del herido, y llamó por un micrófono.
—Dr. García, please your presence is requested at the information desk (Dr. García, preséntese en la oficina de información...).
La voz repercutió por todos y cada uno de los intercomunicadores del hospital. Así habían transcurrido otros diez minutos, y la recepcionista volvía a llamar al doctor García.

* * *

El Dr. García no aparecía. El herido recobró el conocimiento a la media hora, y dijo:
—Señorita, me estoy muriendo, ayúdeme, por favor.
—Lo siento, ya he llamado al Dr. García... Usted entró por "una puerta indebida"... Esta sala es de información... Si hubiera entrado por la puerta de la calle 125, la sala de emergencias, ya lo habrían atendido, estoy segura.
—Pero, señorita, ¿por qué no llama usted a cualquier médico?... Me desangro..., me estoy muriendo...
La señorita contestó:
—Usted me pidió hablar con el Dr. García; además, los otros médicos están muy ocupados.

* * *

A los cinco minutos, un médico pasó por la salita y el herido le suplicó:
—Estoy herido, ¡¡¡por favor, ayúdeme!!!
El médico lo miró y se alejó, tomó el elevador y pareció no importarle ni un bledo las súplicas del herido.

* * *

Transcurrieron otros diez minutos. La empleada —algo preocupada— volvió a usar el intercomunicador. Su voz suave y melodiosa repetía la llamada por todos y cada uno de los intercomunicadores. Ahora en español:
—Dr. Antonio García, preséntese en la oficina de información, es urgente...

* * *

La frente del herido se cubrió de sudor, estaba muy pálido, se sentía desfallecer, todo daba vueltas a su alrededor. La Muerte, con su figura macabra, se le acercó..., y lo tomó amorosa en sus manos frías. Había fallecido..., por falta de asistencia médica.

* * *

A los cinco minutos llegó el Dr. Antonio García, y las primeras preguntas a la empleada fueron:
—¿Tiene seguro el herido? ¿Dónde trabaja?
La empleada contestó que nada sabía...
—Sólo pidió verlo a usted, doctor García... —dijo la empleada.

* * *

El médico se acercó al lugar donde se encontraba el hombre... en un charco de sangre. Primero miró la herida..., al instante se dio cuenta de que el hombre era cadáver... Pero cuando al fin miró a la cara del muerto, reconoció a su hermano Luis.

* * *

Se arrodilló, tomó la cara de su único hermano entre sus manos... y las lágrimas saltaron de sus ojos... rodaron y se diluyeron en la sangre que cubría el suelo.

Matías Montes-Huidobro

Sin nada que hacer

—No, no, el General sabrá ponerle fin a todo esto. Sin embargo la situación era cada vez más alarmante.

Mamá tiene fe ciega en el General —decía yo cuando nos visitaba el médico.

—¡Bah, el General tiene mano de hierro! Con peores cosas se las ha tenido que ver.

—El General, querida señora —le decía el médico—, no es todo lo que parece.

Las noticias que llegaban de la capital eran confusas y contradictorias. El radio apenas sabía ofrecernos una idea de la situación, ya que estaba controlado por las agencias del gobierno: las revueltas que constantemente aparecían por diversas partes de la isla, eran rápidamente aniquiladas por las distintas fuerzas de la dictadura.

—¿No te digo yo? —repetía mamá.

Ella tenía absoluta confianza en los partes oficiales.

El médico y yo sonreíamos cuando ella se retiraba hacia el piso alto, siempre con algún gesto alejado. El médico era un hombre delgado y agradable. Su mirada, triste y cansada. Parecía de otra época y contrastaba en absoluto con el marco de nuestro pequeño pueblo de provincia.

—No sé cómo usted ha podido vivir aquí durante tantos años —le había dicho muchas veces.

—Por las mismas razones que tú, Anselmo —me decía.

—¿Yo? Es distinto. Yo nunca hubiera podido hacer otra cosa. Al menos con mi carácter. Bien conoce cómo mamá me ha educado. No soy un hombre normal. Además, soy cobarde.

En ese momento Bernarda, la criada, entraba con las tazas de café. Guardamos silencio y la observamos. Bernarda nos observaba también.

—¿Algo más?

—Más nada, Bernarda, gracias.

Nos asegurábamos de que no estuviera cerca.

—¿Qué dice Bernarda de todo esto? —me preguntó el médico seguro ya de que ella se había retirado.

—No sé. Aquí nunca se habla con Bernarda.
—Tu madre sí habla con ella.
—Mamá le habla a Bernarda, que no es lo mismo. Ella jamás le iría a permitir tal cosa.
—Pero en esa cabeza...
—Cruzan pensamientos indebidos. Pero no nos vamos a molestar. Tenemos otras cosas que hacer. ¿Qué piensa usted de ella?
—Bueno —dijo mientras sonreía—. Yo tampoco hablo con Bernarda.
—Es mejor así, ¿no le parece?
—Por lo menos así es como debe ser. No tendría sentido dirigirle la palabra.
El médico tenía la taza de café en la mano.
—Pienso que hace buen café —dijo.
El resto del café lo tomamos en silencio.
—¿Está usted alarmado?
—No, ¿por qué habría de estarlo? Tú no lo estás tampoco. Y tu madre tiene fe ciega en el poder del General. Vivimos en paz. Es lo mejor.
—Mamá es incapaz de comprender las situaciones. Vive en el pasado. Toda la historia de mis abuelos. La misma gloria de papá. Yo formo parte de un presente inútil y sin fuerza.
—Entonces, esperemos, simplemente, por las decisiones de Bernarda. Probablemente es su turno.
Bernarda abrió la puerta.
—La señora no bajará a comer. Cuando usted guste me dice a qué hora le sirvo la comida.
Miré al médico:
—¿Es muy temprano para usted?
—No, no me quedo a comer. Prefiero regresar temprano a casa. Y ya es casi de noche.
Sonrió:
—Y no quisiera quedar en el camino. Prefiero que me vayan a buscar. Es más distinguido.
—¿Por qué no se queda? —le dije, y agregué, asegurándome nuevamente de que no estuviera Bernarda—. A lo mejor es la última oportunidad que tenemos de hablar tranquilamente. ¿Se ha fijado en Bernarda? Está actuando esta noche de una manera peculiar.
—¿En qué lo ha notado?
—Abrió la puerta sin tocar. Nunca deja de hacerlo.
—Un descuido.

—Precisamente: eso acaba de delatarla. ¡Querido amigo, ya no nos queda mucho tiempo!

Hubo un silencio.

—Quédese... Además, ya es casi de noche. Podría irse al amanecer.

—No, prefiero no quedarme. Tal vez sea mi último paseo junto al río.

Hicimos otra pausa. Me dijo:

—Adiós, Anselmo.

Yo no le contesté. Siempre decía hasta la vista.

El médico tomó su sombrero, atravesó el portal y se alejó entre las arecas del jardín.

Mamá, a pesar de todo, en el piso alto, incorporada en el lecho, no podía dormir.

Pero Bernarda permanecía activa en la cocina, produciendo sonidos metálicos que nunca había escuchado antes con tanta intensidad, con aquella inusitada fiereza.

Yo me senté en la butaca, fijos los ojos en la pared, y crucé los brazos en silencio.

Ana Alomá Velilla

Tema y variaciones

> *La fuente cantaba: ¿Te recuerda, Hermano,*
> *un sueño lejano mi canto presente?*
> *Fue una tarde lenta del verano.*
> *Respondí a la fuente:*
> *No recuerdo, hermana,*
> *mas sé que tu copla presente es lejana.*
> —A. Machado

Por favor, ve más despacio . . . ¡Todo esto es tan bonito! El auto avanzaba por el camino que unía el viejo ingenio en ruinas con el pueblo más próximo, treinta kilómetros abajo. A la izquierda, una cerca de piñón florido corría paralela al camino, y el valle, a la derecha, salpicado aquí y allá de palmas reales, tenía todavía extensiones de caña pertenecientes a la colonia azucarera más cercana. Tras los cañaverales se veía la cinta azul del mar.

María Cristina respiró profundamente el aire embalsamado de azucenas, jazmín del cabo y otras flores desconocidas para ella que crecían silvestres a ambos lados del camino. De pronto, el automóvil empezó a hacer ruidos extraños y se detuvo.

—Pero . . . ¿qué diablos le pasará a esta máquina? —exclamó Pedro Manuel y se bajó a averiguar. Levantó el capó para revisar el motor. Anduvo en varios cables y se quedó pensativo por un momento.

—Creo poder arreglarlo, María Cristina, pero llevará un rato.

—No hay prisa, Pedro Manuel —contestó contemplando el paisaje—. Estos alrededores me fascinan. No quisiera tener que dejarlos —añadió soñadoramente.

—Nos quedan dos días más de vacaciones —respondió Pedro Manuel mientras sacaba la caja de las herramientas del maletero—. Si quieres, volvemos mañana a explorar la zona. Recuerda que Jaime y Olga nos esperan para celebrar tu cumpleaños.

María Cristina contemplaba arrobada en torno suyo: el viejo camino, los árboles añosos que de trecho en trecho lo sombreaban, las cercas de piedra que veía surcar el valle. Una sensación indefinida, desco-

nocida, la embargaba. Sentía necesidad de ver más, de conocer todo aquello...
—Mientras arreglas el motor voy a caminar un poco por aquí. Voy hasta ese recodo del camino.
—No te alejes mucho —le contestó el chico inclinándose sobre el motor descompuesto.

María Cristina avanzó por el camino con ese sentimiento inexplicable que había experimentado desde que llegó de luna de miel a esa región. Al doblar el recodo se encontró con una reja de hierro forjada, una portada bellísima, que se abría sobre un camino enarenado y bordeado en ambos lados por una doble fila de algarrobos y palmas reales que se alternaban. María Cristina empujó la verja y tomó el camino hacia la casona colonial que se veía al final de la avenida. Todo era irrealmente hermoso. Al llegar al claro donde se erguía la mansión, el camino se dividía y rodeaba una fuente para cerrar el círculo frente al imponente portal de la casa.

La muchacha llegó a la misma puerta, de madera claveteada con grandes clavos de bronce, y se detuvo indecisa. No se veía a nadie por todos esos contornos. ¿Dónde podrían estar los habitantes de ese lugar? Todo lucía cuidado; el jardín cuajado de rosas era primoroso y la puerta abierta permitía ver parte del interior, a todas luces lujoso, de aquel palacete colonial. Después de llamar varias veces con resultados infructuosos, María Cristina sintió una urgencia inaplazable por entrar en la casa. El amplio zaguán tenía una ventana de reja sobre la sala. Los pisos de mármol, en grandes cuadros blancos y negros como tablero de ajedrez; los muebles de estilo, los inmensos espejos de marco dorado, todo le producía otra vez esa sensación indefinible, mucho más fuerte esta vez, que había experimentado desde que llegara a ese lugar.

Llamó en alta voz:
—¡Hola! ¡Buenos días!
Esperó un momento.
—¿No hay nadie aquí?
Sólo el silencio se hizo eco de su llamada.
Del zaguán pasó a la antesala o saleta que daba a un portal de arcos. Éste rodeaba en sus cuatro lados un bellísimo patio interior adornado en el centro con una fuente cantarina, en la que María Cristina adivinó un agua clara inundada de rayos de sol. Pasó por la puerta grande de persianas, rematada por un abanico de vidrio de colores por donde se filtraba la luz, poniendo manchas de luces rojas, azules y verdes sobre el suelo de la saleta acogedora. El arco contra el cual se

recostó, aturdida, con ese sentimiento raro que no la abandonaba, estaba cubierto de hiedra. Otra enredadera de jazmines había hecho un arco natural sobre el de piedra. Quiso avanzar hacia el patio y se asombró cuando no pudo moverse del sitio en que estaba. No había nada físico que se lo impidiera, pero era como si una pared de cristal, invisible pero sólida, se hubiera levantado ante ella.

De pronto oyó pasos rápidos y ruido de risas. Una niña bajaba corriendo la escalera en la parte opuesta del patio y se dirigía, seguida de un perro, hacia la fuente.

—¡Vamos, León, corre! ¡Hoy vamos a tener fiesta grande! ¡Es mi cumpleaños!

María Cristina se asombró al verla vestida a la usanza del siglo pasado, pero al oírla hablar de la fiesta creyó comprender el motivo. Trató de saludar a la niña, pero se encontró imposibilitada de hablar. Su mismo movimiento de avance no la sacó del sitio donde estaba. No obstante la niña debía verla —¡tenía que verla!— si miraba en esa dirección. Como respondiendo al gesto de la muchacha, la niña dirigió la mirada en dirección a aquélla. Frunció ligeramente las cejas tratando de distinguir algo. Pero, evidentemente, no percibió nada, porque volvió alegremente su atención al perro y siguió hablando.

—¿Ves este relicario? Cuando cumpla veinte años mamá me lo va a regalar. ¿Verdad que es lindo? ¡Es lo que más deseo en el mundo! ¡Hoy me lo presta porque cumplo exactamente la mitad!

Mientras hablaba contemplaba un objeto que tenía en la mano y que parecía apreciar enormemente. El perro saltaba tratando de atrapar lo que la niña quería mostrarle.

—¡Eh, no León! ¡Esto no es para jugar! Espera.

Con cuidado colocó el relicario sobre el borde de la fuente y enseguida se lanzó a un juego vivaz alrededor de los arcos que enmarcaban el patio. Al fin, cansada, se acercó a la fuente y contempló por un momento el agua transparente. Suavemente introdujo los deditos en ella.

—¡Qué fresca y deliciosa está! —se dijo María Cristina sintiendo el agua escurrírsele entre los dedos.

Desde la altura de sus diez años, la niña sintió un deseo irresistible de correr hasta la Poceta del Indio, aquel remanso de agua fresca que decían que tenía un remolino en el fondo.

—¡León! ¿No te dan deseos de ir al río? ¡Vamos, León!

De pronto se detuvo confundida. Tuvo la clara impresión de que había oído un grito casi desesperado, que partía del mismo sitio donde antes le pareció ver a una persona. Se volvió, y haciendo visera con las manos, miró escrutadoramente al lugar en cuestión, allí donde la enre-

dadera de jazmín hacía un arco florido sobre el arco de piedra del portal. Avanzó un poco, pero no siéndole posible distinguir nada, con un ligero encogimiento de hombros volvió sobre sí misma y salió corriendo en dirección al río, seguida por los alegres ladridos de León . . .
María Cristina sentía que se ahogaba, el agua giraba locamente, la atraía hacia el fondo, se ahogaba, se ahogaba . . .
—¡María Cristina! ¡María Cristina!
Oyó confusamente la voz de Pedro Manuel y sintió cómo éste la sacudía. La sensación de ahogo comenzó a pasar y abrió lentamente los ojos. Pedro Manuel, pálido y angustiado, se inclinaba sobre ella.
¿Qué pasa? Pero, ¿qué te pasa?
—Estoy bien, Pedro Manuel. Ya estoy bien —respondió débilmente mientras Pedro Manuel la conducía hasta un banco de piedra y la ayudaba a sentarse. Fue entonces que María Cristina reparó en un viejo caballero que contemplaba intrigado la escena. Pedro Manuel explicó:
—Es el Sr. García de Sandoval. El te vio entrar por la portada de la casa. Te llamó, pero no lo oíste.
María Cristina oía la explicación sólo a medias. No, ella no había visto ni oído a nadie, pero lo que realmente la hacía enmudecer de asombro era el espectáculo que contemplaban sus ojos: la casa era la misma, no cabía duda, pero lo que momentos antes había sido una rica mansión lujosamente amueblada, era ahora una casona colonial casi en ruinas. No vio ninguno de los muebles que le llamaron la atención al entrar. Confundida miró al patio. La fuente, ahora seca, todavía existía, pero entre las baldosas del patio crecía la hierba. Sobre las piedras de los arcos crecía un musgo húmedo, verde oscuro. La vieja enredadera mostraba un tronco grueso, revelador de los años transcurridos. Como en un sueño preguntó a Sandoval:
—¿A quién pertenece esta casa?
—A mí ahora, como único descendiente de la familia Sandoval. Los primeros dueños abandonaron la zona cuando la hija única de los Sres. de Sandoval, Cristina María, apareció ahogada el día de su décimo cumpleaños . . .
—¡Oh! —exclamó María Cristina —¡En la Poceta del Indio!
—¿Conoce la Sra. la historia de la tragedia? —preguntó Sandoval asombrado.
—¡Imposible! —intervino Pedro Manuel.— Es la primera vez que visitamos estos lugares . . . Y si no hubiera sido por el desperfecto del auto . . .
—El Sr. de Sandoval mantenía los ojos fijos en la muchacha.

Todavía confundida e incapaz de comprender totalmente, María Cristina inquirió:
— ¿León, el perro . . . ?
Obviamente turbado el Sr. de Sandoval vaciló un momento. Al fin, como haciendo un esfuerzo contestó:
—Se ahogó también, tratando de salvar a la niña . . .
—¡Oh, Dios! —llevándose las manos a la cara, María Cristina ahogó un sollozo.
—Pero . . . ¿de qué hablan? ¿De qué están hablando?
—Pedro Manuel miraba alternativamente a su joven mujer y a Sandoval tratando de entender la conversación.
Por fin María Cristina levantó la vista.
— ¿Y el relicario? —preguntó dulcemente.
Visiblemente conmovido el Sr. de Sandoval avanzó y le tomó las manos suavemente.
—Todavía se conserva en la familia. Pero tan pronto llegue a La Habana se lo voy a enviar a usted . . .
Y ante un gesto de María Cristina . . .
—Por favor, permítame hacerlo. Es suyo . . . Usted lo sabe . . . era su regalo de cumpleaños . . . ¿recuerda?

Enrique J. Ventura

Pancho Canoa

I

Ya allí todos lo conocían por Pancho Canoa. Pues como acababa de decir Tata, otro de los amigos de vecindad, hablando con José, en una calurosa mañana de agosto, mientras estaban sentados en unos cajones a la orilla del río, bajo un flamboyán que extendía orgulloso su sombra:

—Sí, por aquí estuvieron esos muchachos preguntando por Pancho... Yo les dije que aquí le habíamos puesto Pancho Canoa... pues vivía en lo físico en Miami... pero estaba como enterrado en memoria allá... en su finquita... Ahorita vendrán por ahí para verlo. Ellos me dijeron que querían mucho al muchacho de Pancho y quieren demostrarle su condolencia.

Encendió un cigarro, mientras se quitaba el sombrero, rascándose suavemente la cabeza.

—Ese pobre hombre se va a morir si sigue así —dijo José, mientras miraba hacia donde estaba el bote de Pancho, rodeado por cuatro o cinco más, todos, tal vez, con sus propias historias—. Está flaco y prieto que ya no da más... Yo creo que se mantiene de tomar café y fumar tabaco. Dicen los muchachos que los dos últimos días se los ha pasado en ese bote desde por la mañana hasta la caída del sol, acostado mirando al cielo como si estuviera hipnotizado por la luz...

—Lo que va es a parar en loco —dijo Tata—. Los otros días me senté aquí a mirarlo y no pude aguantar y tuve que echarme a reír. Después me dio pena. Estaba sentado dentro del bote hablando solo... una conversación que lo tenía como borracho. Le grité dos veces: "Eh, Pancho... Pancho Canoa...", y ni caso me hizo. Seguía sentado allí, en ese bote que yo creo lo tiene salao con el recuerdo, hablando y hablando... Para mí que el pobre está chiflao...

Era un campesino que había llegado en su bote de diecisiete pies hasta las mismas costas de Key West. Salió por un pedazo de mar que entraba como una herradura en lo que había constituido su orgullo y su vida, la finquita que hizo productiva, habiéndola convertido con el transcurso del tiempo como en un paraíso de frutos menores, con sus manos duras, fuertes, curtidas y bendecidas por el trabajo.

Pancho era delgado, de piel seca y bronceada por el sol tropical, ágil como un potro de sangre, con ojos hundidos, pero que brillaban llenos de vigor y entusiasmo, como dos pajarillos inquietos.

Si hubiera sido por Pancho, él jamás habría abandonado aquella tierra, que compró antes de casarse con sus ahorros de carretero. Pero tenía un hijo, el único, Panchito, de diecinueve años y que había estado en la prisión por un año, después que se le acusó de ser contrarrevolucionario. El muchacho se afectó de los nervios en la prisión, y cuando el padre lo fue a buscar cuando lo pusieron en libertad, no hacía más que mirar para atrás por todo el camino, como si los siguieran.

Panchito no trabajó más en la finca. Se pasaba el día metido en la casa y solamente solía ir de vez en cuando a ver el mar, contemplándolo en ocasiones hasta por horas. Se tiraba boca arriba sobre una pequeña colina que quedaba cerca de la casa, y miraba el vuelo de las gaviotas, extasiado, como si sintiera envidia de aquellos pájaros que parecían ser símbolos de libertad ...

Cuando el hijo ingresó en aquella "condenada prisión", como la llamaba Pancho para sus adentros, era un joven sano, rebelde, y precisamente por esa rebeldía y el llamar las cosas por su nombre fue que le empezaron a dar culatazos, a bañarlo con agua fría, desnudo, por las madrugadas, y hasta lo llevaron a un foso de la vieja prisión donde se sabía habían fusilado a unos cuantos, preparándolo como si fuera a ser ejecutado ... Y en el momento supremo, después de portarse como un hombre, le tiraron con balas de salva ... Y los ejecutores se echaban a reír del ejecutado, que había caído al suelo, sin una gota de sangre ... De aquí provino su enfermedad, el rompimiento en astillas de su sistema nervioso.

"El muchacho no valía ya un comino", se detenía a pensar Pancho, mientras se secaba con la manga de la camisa el sudor que le empapaba la cara, mientras partía la negra y fértil tierra con la reja de su arado.

La mujer se le había muerto hacía dos años. "La mala suerte se le había echado arriba desde entonces —pensaba—, como el ave rapaz sobre los pollos". Después de la muerte de la mujer, Panchito le cayó preso y aquella casa, que había construido con sus propias manos (algunos vecinos ayudaron, entre ellos, el viejo carpintero Cayetano), y la finca, "no eran ni la sombra de lo que fueron antes". No obstante, aquel entusiasmo para el trabajo y aquella ligereza de acción lo seguían acompañando.

"La tristeza parecía anidarse allí", sacaba en conclusión Pancho cuando se sentaba por las noches en el portal de tejas de la casa, construida de tablas y techo de guano, en compañía de su hijo, en dos taburetes, y miraba al cielo estrellado, y creía que la mujer se había convertido en otra estrella más...

El hijo no le hablaba más que de irse para los Estados Unidos. "Que de no hacerlo caería otra vez preso... otras vez preso..."

Pancho había observado cómo en el pueblo hasta viejos amigos le zafaban ahora el cuerpo. Pensaba: "¡Cómo cambia el hombre ante las situaciones de la vida! Es como el camaleón... poniéndose del color de acuerdo con la conveniencia..." A veces oía, haciéndose el sordo, cuando entraba en la vieja tienda, convertida ahora en "Tienda del Pueblo", aquella frase de "Ahí viene el padre del gusano...", seguida por el comentario de "Dicen que le van a intervenir la finca..."

Estaba triste, pero escondía su tristeza en el saco de los mandados que llevaba amarrado en la parte de atrás de la montura, para que el hijo no se diera cuenta, y le sonreía sosteniendo ahora el saco con una mano y el tabaco con la otra, mientras le mentía al decirle que en el pueblo distintos amigos habían preguntado por él. Ya que el orgullo del hijo lo constituía el concepto de amistad y lealtad, habiéndose visto envuelto en aquel problema de la contrarrevolución, además de ser él mismo un decidido amante de la democracia, por ayudar principalmente a un amigo. En el pueblo Pancho había visitado al médico que estaba atendiendo a Panchito y el que le recomendaba que el muchacho necesitaba un cambio, aconsejándole que se lo llevara de aquella zona. "Pero ¿para dónde, rayos?...", pensaba Pancho, que no comprendía aquellos enredados problemas de la mente que le explicaba el médico amigo.

—Papá, yo creo que debemos irnos... Estuve soñando de nuevo y no se me quita de la mente la prisión y las torturas que allí sufrí... Vámonos, papá... —casi le imploraba el hijo.

El viejo Pancho movió esta vez la cabeza afirmativamente. Caía desplomado ante la insistencia del hijo, "el mayor tesoro de su vida", como lo llamaba para sus adentros. Esa misma noche se fue a ver a unos vecinos cerca que tenían un buen bote escondido y se lo compró, comprometiéndose de paso con ellos a sacar a una familia joven que también quería salir del país.

Así empezó a prepararlo todo con extrema cautela, y cuando tuvieron lista la nueva vela del bote, salió en una noche sin luna, bajo las sombras, con Panchito, que reía nerviosamente, y el joven matrimonio formado por Clara y Juan, y sus hijos Juan Antonio y Clarita, de seis y cinco años de edad. La noche era cómplice de aquella huida, que parece ocurrir bajo sistemas como el que ahora se enseñoreaba sobre la bella Isla.

El bote, al que Pancho bautizó "Canoa", con pintura negra de una latica que tenía guardada, en recuerdo del nombre querido de la finquita, que dejaba con desgarramiento del alma, era de diecisiete pies, y estaba equipado con una plantica, además de la vela de lona, que no izaron hasta un poco después de alejarse de la costa, pues por allí siempre andaba vigilando una lancha patrullera.

Pancho conocía algo de la mar, "aunque más entendía la tierra", como él mismo solía decir. Siempre había tenido una cachucha, y cuando Panchito era más muchacho, acostumbraban ir a pescar por las tardes y muchas veces regresaban ya bien entrada la noche.

Las primeras horas en el mar todo parecía marchar bien, después la plantica no trabajó más y en balde resultaron los esfuerzos de Juan, que entendía algo de mecánica, para echarla a andar de nuevo. El mar empezó a cambiar de pronto. Las olas se hacían más grandes a medida que avanzaban con la ayuda del viento, y la vela desplegada lucía como una sábana tendida y azotada por el aire en la oscuridad . . .

Una lluvia fuerte los cubría, bañándolos como si estuvieran debajo de varias duchas abiertas a la vez. Un mal tiempo de perros estaba formándose. El bote, de buen maderaje criollo, se columpiaba en las blancas crestas de aquellas olas, que parecía los iban a tapar.

Los niños, cogidos fuertemente bajo cada brazo de la madre, lloraban, y Panchito se impacientaba y empezaba a decir que estaban atrapados en medio de un mal tiempo. El bote lucía que no avanzaba, como si estuviera estático sobre el vaivén enloquecedor de las olas.

Pancho pensaba para sí mismo, mientras agarraba fuertemente el timón de mano del bote, como si fuera la mancera de su arado, y después de haberse encomendado a la Providencia:

—Sólo Dios puede tener compasión de nosotros . . . estamos a la deriva . . . sin rumbo . . . y en las manos del viento como una hoja arrancada de su árbol . . .

Juan, con una lata, iba achicando sin descanso el agua que le entraba al bote.

Panchito, que ya no cesaba de hablar y decir que de allí no saldrían, que aquello era el fin y que lo mejor que debieran hacer era terminar todos cuanto antes con aquel sufrimiento, que él conocía el mar y no había salida, fue callado de pronto por un manotazo que le dio el

padre, para que se dominara. Así pareció por unos momentos. Después, en un descuido de Pancho, se puso de pie y se tiró al mar... perdiéndose inmediatamente en aquellas profundidades, en medio de la oscuridad, la lluvia y el viento...
—Panchito... ¡HIJO!... —fueron palabras desgarradoras, como gritos, que conmovieron hasta el mismo bote, salidas del viejo que sentía partírsele el corazón, como si un toro le hubiera hundido sus cuernos en el pecho...
Las lágrimas silenciosas de Pancho se mezclaban al agua de mar que le bañaba constantemente la cara, y eran más saladas, mientras agarraba con toda su fuerza aquel timón, como si estuviera montado sobre el cojín de un caballo cerrero, y no ya por él, sino por los que quedaban...
El no podía detenerse ahora a pensar en la pérdida de Panchito, por el que estaba realizando aquel viaje que parecía ser como dentro de las aguas y sombras del mismo infierno.
Después, poco a poco, empezó a hacerse de nuevo la calma. Las aguas del Golfo volvían a su normalidad y la noche a hacerse más clara...
Cuando vino el día, Juan tomó el timón y Pancho hundió la cabeza en el cuartel de proa y lloró como un niño... En el Golfo quedaba el hijo bueno enterrado.
El bote criollo entró hasta la bahía de Key West, con la vela rota, como el soldado que regresa del campo de batalla, trayendo su uniforme hecho trizas, caminando con trabajo, pero victorioso...
Cuán grande no fue el dolor de Pancho cuando se vio en aquellas oficinas donde hablaban el extraño idioma que no entendía y se enfrentó a la bandera resplandeciente de franjas y estrellas, por la que el hijo sentía admiración y que no pudo lograr ver como él ahora lo hacía. Unos lagrimones le rodaban por las mejillas, bajando la cabeza como para que no se los vieran, mientras los atendían y ayudaban.
Pasados los primeros días en casa de una familia amiga de Juan y Clarita, se fue a vivir a un viejo edificio de apartamentos, que había quedado ahora para alquiler de cuartos al lado del río Miami, hasta donde había traído el bote, que era lo único que le quedaba y del que juró, para sí mismo, no deshacerse jamás.
Se fue haciendo de algunos amigos, entre ellos Pedrito, un niño de once años que le había cogido cariño y lástima y vivía al lado. El padre de Pedrito le consiguió trabajo en la misma factoría de ventanas de aluminio donde él trabajaba. La primera semana se le veía contento y

ágil. Pero después se fue entumeciendo, estaba triste y empezó a hablar, con todo el que le daba oportunidad, del hijo que había perdido.

El forman, que no podía entender ni detenerse ante aquel cisma que golpeaba la cabeza y el corazón del pobre viejo, opinó, tal vez, que lo mejor era deshacerse de aquel hombre que les hacía perder tiempo a sus otros empleados, y lo dejó fuera con la excusa de que el trabajo estaba aflojando.

Así salió de allí, y fue para el río, donde estaba el bote, y con una botella de ron Bacardí que compró con parte del dinero que sacó de los días de trabajo, empezó a darse tragos con José, un amigo que también tenía cuarto en el mismo edificio.

II

—La semana pasada se compró una botella de ron y vino para acá —dijo José—. Yo estaba sentado aquí mismo y me convidó a ir para el bote. Allá fuimos y empezamos a tomar ron. Para qué fue eso, Tata . . . Cuando ese hombre empezó a darse tragos, se puso sereno como yo nunca lo había visto y comenzó a hablarme del hijo . . . de la finquita . . . de su mujer . . . del bote . . . y se le salían unas lágrimas como yo jamás había notado en un hombre —Hizo una pausa para encender un cigarro—. Me contó que él había tenido por costumbre beber solamente el día de Nochebuena, que ese día, el más feliz de su vida, pues fue cuando se casó, asaba un lechón, y llenaba la mesa de golosinas de Pascuas, y se bebían las tres botellas de vino tinto, pero que ahora para él ya se acabó todo eso, ni fiesta, ni alegría . . . ni más Nochebuena. Destapó la boca y era un mismito pozo de tristeza.

—Sí, a mí también me contó algo una vez —dijo Tata—. Ese hombre estaba sembrado a su tierra, a sus palmas, a sus árboles, a sus cosechas . . . a su arado y a los surcos. Haberlo desarraigado de allá es como haber cortado un árbol de raíz. El mismo lo ha dicho: "Se acabó Canoa . . . se acabó Pancho . . ."

—A mí lo que me erizó —dijo José— fue cuando me contó la tragedia de Panchito. Dice que el manotazo que le dio en el último momento, para que se tranquilizara, fue la primera vez que le había puesto la mano arriba al hijo, y que desde entonces, cada vez que se mira la mano derecha, se asquea de sí mismo . . . y luego, las horas que siguieron en medio de la tormenta. Me contó que de ahí en adelante ya nada le importó . . . Llegó aquí y se siente como perdido, que ya no tiene fe en nada, y que todas las noches sueña con su mujer, con su hijo . . . y con su finquita . . .

—Es realmente digno de compasión —dijo Tata—. Y a propósito, ¿por dónde andará esta mañana? . . . ¿Habrá ido a buscar algún trabajo? . . .

—No sé —dijo José, mientras encogía los hombros—. Yo hace tres o cuatro días que no lo veo. He estado trabajando en las tomateras y me estuve quedando en casa de un primo que vive en Homestead. Si él quiere, yo puedo llevarlo a trabajar allá. A eso vine, a ver si lo embullo y me lo llevo.

En ese momento apareció Pedrito, algo impresionado, viniendo de entre los botes, y el que desde hacía algún rato se encontraba dando vueltas por los alrededores, buscando a Pancho.

—Eh, Tata, José, vengan conmigo —dijo Pedrito, mientras señalaba ahora con la mano izquierda estirada hacia el bote—. Ahí dentro del bote, tapado por un pedazo de lona, está Pancho . . . yo creo que borracho, pues no responde . . .

Los tres se encaminaron hacia el bote, al que se iba a través de un estrecho tablón que hacía de muelle. Al llegar, Tata saltó primero a uno y después al de Pancho, mientras José y Pedrito se quedaban de pie sobre el improvisado muelle, mirando con ojos de curiosidad.

—Pancho . . . Pancho . . . —llamaba Tata, agachándose y sacudiendo por un lado el cuerpo de Pancho. Después le quitó de encima de la mitad del cuerpo la lona sucia que le cubría la espalda y la cabeza, y lo viró boca arriba.

—Ave María . . . José . . . el pobre Pancho lo que está es muerto. Tiene los ojos como salíos . . . y la boca . . . y la lengua . . . —Y enmudeció bruscamente, con ese silencio que eriza al enfrentarse uno ante la muerte violenta de un ser amigo.

José no esperó a que Tata se compusiera de la fuerte impresión recibida, y poniéndole un brazo por el hombro a Pedrito, se lo llevó rápidamente de aquella triste escena, mientras observó que al muchacho le empezaban a correr, cada vez más abundantes, lágrimas por las mejillas.

—Y él me había dicho que me iba a esperar hoy para hablarme de cómo lo ayudaba Panchito en su finca —murmuró el niño con palabras entrecortadas de emoción.

Después de dar el aviso correspondiente a la Policía, y haber dejado a Pedrito en su casa, José volvió y entonces Tata le contó que Pancho se había tomado una botella de ácido.

—Que Dios lo perdone —dijo Tata.

—Se acabó Pancho... Se acabó Pancho Canoa —dijo José meneando la cabeza en un sincero gesto de pena.

—Este pobre hombre ha muerto de tristeza por su tierra y por su hijo —murmuró Tata, con voz afligida.

Los dos hombres se quedaron de pie en el muelle mirando con tristeza hacia el bote, que ahora era columpiado bruscamente por el oleaje que dejaba tras su paso un yate del color de las gaviotas, y reluciente de cromados como si todos sus metales fueran de plata... mientras la tenue brisa abanicaba la bandera de franjas y estrellas que pendía de su asta, inclinada hacia adelante, y partía en dos el mismo centro del varandal de la popa...

IV. Estados Unidos y exilio

Emilio Bejel

Tren de New Haven

Ya comenzaba otra vez el otoño en la Nueva Inglaterra
y las hojas iban tomando esos tonos amarillorrojizos
que presagian el desmayo de los árboles
ante los embates de los vientos del norte
Yo iba en el acostumbrado tren de Nueva York a New Haven
y desde la ventanilla se podían ya predecir las próximas nieves
Sentía el olor de mi colonia
confundido con los extraños olores de los demás pasajeros
Y pensaba en la Cuba de los años cincuenta
y en aquellos niños pobres que pedían limosna en las calles de
                                                                                          Manzanillo
y pensaba en mamá
que me vestía todos los días tan limpio y oloroso
pero me decía que los niños debíamos ser todos iguales
que no era justo que otros niños no tuvieran ni qué comer
mientras yo estaba tan oloroso y limpio
y me decía que no importaba que los niños fueran blancos o negros
El tren local de Nueva York a New Haven
lleva siempre gente con toda clase de olores
y yo miraba por la ventanilla el comienzo del otoño en la Nueva
                                                                                          Inglaterra

Lourdes Casal

Definición

Exilio
es vivir donde no existe casa alguna
en la que hayamos sido niños;
donde no hay ratas en los patios
ni almidonadas solteronas
tejiendo tras las celosías.

Estar
quizás ya sin remedio
en donde no es posible
que al cruzar una calle nos asalte
el recuerdo de cómo, exactamente,
en una tarde patines y escapadas
aquel auto se abalanzó sobre la tienda
dejando su perfil en la columna,
en que todavía permanece
a pesar de innumerables lechadas
y demasiados años.

Lourdes Casal

Para Ana Veldford

Nunca el verano en Provincetown
y aun en esta tarde tan límpida,
(tan poco usual para Nueva York)
es desde la ventana del autobús que contemplo
la serenidad de la hierba en el parque a lo largo de Riverside
y el desenfado de todos los veraneantes que descansan sobre ajadas
frazadas
de los que juguetean con las bicicletas por los trillos.
Permanezco tan extranjera detrás del cristal protector
como en aquel invierno
—fin de semana inesperado—
cuando enfrenté por primera vez la nieve de Vermont
y sin embargo, Nueva York es mi casa.
Soy ferozmente leal a esta adquirida patria chica.
Por Nueva York soy extranjera ya en cualquier otra parte,
fiero orgullo de los perfumes que nos asaltan por cualquier calle del
West Side.
marihuana y olor a cerveza
y el tufo de los orines de perro
y la salvaje citalidad de Santana
descendiendo sobre nosotros
desde una bocina que truena improbablemente balanceada sobre una
escalera de incendios,
la gloria ruidosa de Nueva York en verano,
el Parque Central y nosotros,
los pobres,
que hemos heredado el lado del lado norte,
y Harlem rema en la laxitud de esta tarde morosa.
El autobús se desliza perezosamente
hacia abajo, por la Quinta Avenida;
y frente a mí el joven barbudo
que carga una pila enorme de libros de la Biblioteca Pública
y parece como si se pudiera tocar el verano en la frente sudorosa del
ciclista

que viaja agarrado de mi ventanilla.
Pero Nueva York no fue la ciudad de mi infancia,
no fue aquí que adquirí las primeras certidumbres,
no está aquí el rincón de mi primera caída,
ni el silbido lacerante que marcaba las noches.
Por eso siempre permaneceré al margen,
una extraña entre las piedras,
aun bajo el sol amable de este día de verano,
como ya para siempre permaneceré extranjera,
aun cuando regrese a la ciudad de mi infancia,
cargo esta marginalidad inmune a todos los retornos,
demasiado habanera para ser newyorkina,
demasiado newyorkina para ser,
—aun volver a ser—
cualquier otra cosa.

Uva A. Clavijo

Declaración

Yo, Uva A. Clavijo,
que salí de Cuba todavía una niña,
que llevo exactamente
la mitad de mi vida en el exilio,
que tengo un marido con negocio propio,
dos hijas nacidas en los Estados Unidos,
una casa en los "suburbios"
(hipotecada hasta el techo)
y no sé cuántas tarjetas de crédito.
Yo, que hablo el inglés casi sin acento,
que amo a Walt Whitman
y hasta empiezo a soportar el invierno,
declaro, hoy último lunes de septiembre,
que en cuanto pueda lo dejo todo
y regreso a Cuba.

Declaro, además, que no iré
a vengarme de nadie,
ni a recuperar propiedad alguna,
ni, como muchos, por eso
de bañarme en Varadero.

Volveré, sencillamente,
porque cuanto soy
a Cuba se lo debo.

Septiembre 30, 1974

Uva A. Clavijo

Al cumplir veinte años de exilio

Ese callar las voces del asombro
de cuesta en cuesta
como un intento de vida
que pinta sus auroras
con el dolor de la soledad.
Rota armonía. Surcado desequilibrio
de seguir siendo el yo primero
el de la adolescencia
el que creció en español
y sintió en cubano
antes de enfrentarse
por vez primera
a un oficial de inmigración.

Miami, junio 1979

Uva A. Clavijo

Miami 1980

Aquí, Miami, mil novecientos
ochenta, y mi soledad.
Una ciudad entre soles
y odios.
Cien mil seres humanos
buscando un sueño.
De la Isla al continente,
la esperanza brillando
a lo lejos.
Mirad Liberty City
entre escombros y rabia.
Aun así —dadme
un vaso entre las manos,
o una tribuna,
y algunos conocidos
(ni siquiera es necesario
amigos) o hasta extraños
que pretendan escucharme.
Y diré que sí, que con todo,
vale la pena . . .
Aquí, Miami, mil novecientos
ochenta, ¡tanto progreso!
¡tanto atraso! Y mi asombrada
soledad.

Miami, junio 1980

Rita Geada

Contrastes

El corazón
apretado por la música lejana
es nieve que se derrite lentamente.

¡Qué lejos los puentes de la infancia!

Desde nuestra ventana
los autos cruzan raudos
quebrando con sus colores
la sinigual blancura.

New Haven, 1967

Mireya Robles

Feelings

"Feelings"
    una canción escrita para el subway
    brazos enganchados en manillas
    sudor de bicicletas
    Ya se acercan las cinco de la tarde
    el polvo de las fábricas
    en la humedad de un diente
    La noticia-espectáculo
    en páginas temblonas
    de revistas-magazines
    El "New York Times"
    hinchado de Stock-Exchange:
    el Cambio-Bolsa
    y el lector no entiende
    Aquél me echó en la boca
    el humo de su factoría
    que digiero largamente
    con la agria colilla que tropiezo
Una canción para el subway
    devorada como un rito por el ruido
Mi carro y un inútil millaje marcando el silencio.

"Feelings"
    la zona de parqueo
    y estas escaleras donde te llevo ausente
    presintiendo el ruido de trastes
                   de cocina,
    el agua que despierta
    una cena premeditada simplemente

"Feelings"
    y tú, en la otra orilla
    y tú, aquí,

sintetizada en el silencio y la canción
escrita para el subway.
Más allá de la distancia
precipitado convivir de esta pena abreviada
y no es la alondra que canta
cristales entornados
en cámaras secretas
Volvamos ya es la hora
y se me vuelve este polvo abandonado
un pasillo que dice ausencia:
y ya has cruzado el puente
Es la hora de tu pueblo
y de mi pueblo
que nos une a la luz
de nuestras páginas
y un concierto es la campana
de esta tarde que enmudece
como el grito cansado
de unos tenis
cuando voy cabalgando en esta tarde
y los precios me rodean
y se venden utensilios y banderas
y un niño grita ya su chocolate
y la boca del reloj se me hace grande
y me regreso . . .
Y mi regreso:
Y la alfombra amarilla no está sola
si desde aquí
me detengo a detener el tiempo
y esperarte.

Alberto Romero

Caminando por las calles de Manhattan

Caminando por las calles de Manhattan,
levanté la cabeza al cielo, buscándote, Señor,
rodeado de estrellas en tu Corte Celestial,
o cabalgando sobre una nube, pero mi vista tropezó
con la maligna fulguración de los anuncios lumínicos.

Entonces, incliné la cabeza y salí a buscarte
en la tierra, en el desconocido que día a día
pasa a mi lado. En el drogadicto,
en la prostituta pobre de la 8va. Avenida
y en la de ringo-rango del East Side,
en los borrachos del Bowery, en los enfermos
de los hospitales, en los hippies del Village,
en los carteristas del subway, en los vendedores
de perros calientes, en los homosexuales
de Times Square, o la calle 72,
en la muchacha analfabeta que por $40.00 la hora
baila desnuda sobre el mostrador de un bar
y escribe a su familia que es artista
en Nueva York, en un teatro go-go off Broadway,
en el salteador, en los jolopeados,
en los oficinistas de Wall Street, en las empleadas
de Madison, Park Avenue, y la Quinta Avenida;
en los judíos de Astoria, en los italianos
de Flatbush, en los irlandeses de Long Island,
en los negros de Harlem, en los boricuas del Bronx,
en los dominicanos de la calle 110, en los suramericanos
de Queens, en los cubanos refugiados.

Creo que eso es más correcto, Señor,
porque tanta falsa propaganda, aquí en la tierra,
ni Tú mismo podrías resistirla.

Enrique Sacerio-Garí

Poema interreal del exiliado

para Enrico Santí

¡verdad¡¡¡¡
se deshizo
el puñado de tierra querida
con los vómitos
del jabón "dial
        (marca registrada)"
(el pie perdió su suelo)
y nos quedamos con las raíces en el aire
meciéndonos,
cansándonos,
sin el impulso
de Mamá Inés

caímos
en los ciclones
de ceniza
(que asfixian
que ciegan)
caímos en el bagazo traicionado:
para alimentar la sombra
para empatar la sangre
entre la huella y los huesos
... y se juntaron las palabras,
se abrazaron las raíces

mira esa nube
amigo
¿la ves?
¡Vamos!
mécete
que yo te acompaño
en las arterias
del relámpago

(por las raíces luminosas)
en el tacto del vacío
con el nido y la muerte
en los bolsillos . . .

abril 1973

Enrique Sacerio-Garí

... al borde de las Antillas
6to Canto

... se despierta
un reflejo niuyorquino
(nacer
en Nueva York
en dos islas:
Manhattan
monumento
al entusiasmo
de los ricos,
Borinquen
trasplantado
isla sin tierra
lengua insegura
ojos del campo
que vislumbra las olas.

Cansados dedos de Harlem
con la maleta de Georgia
y un pedazo de Africa
en el vientre
las antorchas se extinguieron
para levantar el látigo
y azotarte los labios
fijos de dignidad
lágrimas
de terror
de ira
de sangre

"It's a State Law"
"Spicks"
"Niggers"

"No translation"
"Plead guilty!"
"No goodtime"
(a refrain
of the *American* song:
they're blue!
they're black!
they're yellow!
they're brown!
they're red!)

Los brazos
tropiezan
con las palabras
el trabalenguas
giratorio
de PaBell
y llegan al "Cementerio Central"
de las oportunidades
(perdidas)
de los hombres de piedra:
el mudo Colón circulado
el indio congelado con su perro
A Mad Tea-Party
el soldado solitario
el ángel de las aguas,
olvidado Martí.

Borinquen
niuyorquino
rítmico Harlem
doloroso
lágrimas
de terror
de ira
de sangre
palmas delirantes
en el asfalto
sonrisas fatigadas
hombres sin pueblo
pueblos sin isla . . .)

Ve al borde de la herida
con los hombres que heredan
sólo la lucha sin pan
por el difícil campo conciliador
sin el útil acero
transformado en espada
con el fuego cruzado
en todo el cuerpo
acribillado a treguas
para pactar de frente
sin relojería determinista
con la mente en el tacto.

Omar Torres

Carta de un exiliado

Se habrá de pedir auxilio en cierto momento dado;
pero antes que nada,
habrá que hablar de la mañana,
la madrugada,
el nacimiento amarillo de un dios enjaulado,
o quizás ya en camino,
o quizás flotando agonizante,
o quizás débilmente navegando
el mítico regreso que existió
ya antes de la partida de este Ulises tropical,
cayéndosele el pelo,
aumentando la circunferencia del torso
que en un tiempo fuera atlético,
de un futuro que tan sólo existe en la memoria:
el círculo continúa su carrera:
un hogar más o menos funcionando,
un levantarse sin remedio
junto a un rostro casi indiferente,
una afeitada a cara desangrada,
un baño de carreras;
y nuevamente la rutina cotidiana,
nuevamente el acento:
—Oh, where are you from?
—But, you don't look Cuban!
—You look French to me!
Sonreír y lucir interesado,
y mostrar cierto orgullo en la frase que se escapa:
—No, I come from Cuba.
Y resuena como la campana a la hora del recreo,
y resuena como los gritos de niños
jugando en los potreros,
y resuena como el silbido interminable
de alguna tortura extraña.

El hombre mide sus tristezas, sus momentos:
inútil hacer algún plan para mañana.
Y cada amanecer se convierte en un acto de fe,
y cada despertar en una afirmación del espíritu.
—Ese hombre que no agacha la mirada es insolente.
—Ese hombre que no olvida es un retrógrado.
—Ese hombre de sonrisa tropical no pertenece.
—Que se adapte o que se largue.
—Que se dé por vencido.

¿Quién sabe inventar los días sin contarlos?
¿quién consulta las estrellas de mañana?
¿quién se da un despojo de ilusiones?

La mujer se acerca, los ojos se levantan sin un eco,
los dedos largos acarician el vientre
como el lamento de un viejo violoncelo.

Nuevamente la mañana.
Nuevamente la razón interminable.
Nuevamente tener que ser un Superman
(no el de Nietzsche, sino el de los muñequitos).
cambiando de traje en cualquier sitio.
Siendo doblemente: dios y diablo, sonrisa y llanto,
vencido y redentor.

Difícil la tarea esta de vivir en una espera,
trabajando en un panal que no da miel,
marcando el ritmo que ningún instrumento ha de tocar,
con esta armonía que acaso suena discordante.
Se vive porque es nuestra meta.
Se espera pues no queda otro remedio,
pero no se olvida nunca
que se viene de lejos.

Manuel Cachán

Los desheredados

> *No me busquéis entonces descorriendo*
> *el habitual hilo salvaje o la*
> *sangrienta enredadera.*
> —Pablo Neruda

Se lo habían dicho, o quizá él pensaba que se lo habían dicho. A veces recordaba lo que había o no había hecho, que estaba consciente de que la realidad era una nebulosa. Lo más terrible de todo era que la idea era aceptada, que al final no la temía. No poseía ningún escrúpulo contra ella, ni siquiera la más pueril repugnancia. Su madre se persignaba azorada cuando lo veía caminando de un lado a otro de la habitación, o por el patio de cemento lleno de arecas y latas de chorizos vacías, hoy rellenas con tierra y flores. Sus veintitrés años, llenos de vigor en la espalda encorvada, en las tenazas que utilizaba como manos, en el rostro indescifrable de tonalidades infantiles, eran el vacío de una negación total. La esterilidad era perenne, producto de un cansancio de vida, de una repugnancia de existencia absoluta. Estaba cansado de vivir sin nunca haber vivido. El mundo, su mundo en los abismos de la inconciencia, lo era sin novia, ni trabajo, ni ideales, ni Dios, ni religión, ni hijos, ni hogar, ni hambre. Sólo su madre. Asunción Martínez viuda de Rosendo, de ocupación su casa, edad sesenta y siete años, natural de España pero nacionalizada, canosa, delgada hasta formar unos espesos pellejos color de cera mugrienta sobre un esqueleto que mostraba en cada esquina de su humanidad, miope, várices, úlcera en el duodeno, pensionista de la Caja de Dependientes del Comercio, sesenta y seis pesos mensuales, propietaria, dos habitaciones, sala, saleta, cocina, comedor, baño, techo de tejas, descoloridas por la lluvia, goteras, pintura descascarada e incolora, cortinas estampadas con flores amarillas y rojas, olores a comida rancia en la cocina, orines en el baño, casi ya sin azulejos, o con ropa colgada detrás de la puerta, sudada, raída, descolorida . . . Aquello era su mundo. Una realidad que trastornaba su mente ya conformada con la irrealidad. Sin presente, pasado o futuro. Tuvo ideas de huir (sólo tenía que cruzar el patio de Gumersinda, salir por el portal de Leandro, cruzar el fondo de la panadería, encaminarse por la calle de Guzmán el

Bueno hasta Oquendo y Amistad, tomar el tranvía hacia los muelles y desde allí, en el Marqués de Comillas, dirigirse a Nueva York y escribirle a su madre diciéndole que todo marchaba bien, que estaba ganando mucho dinero, que se había comprado un automóvil, que vivía en un apartamento que tenía refrigerador, que había ido a bailar, que se había acostado con una puta, que el Four Roses le gustaba mucho y lo emborrachaba cada fin de semana . . .) Mentirle a su madre por toda una eternidad . . .
Recogió la carta de su buzón y subió los dos pisos lentamente. Afuera aún había luz, pero el interior del edificio estaba casi a obscuras. A mitad de cada piso, la pobre luz penetraba los peldaños de la escalera y a veces se disfrazaba de obscuridad en el quicio de una puerta. Llegó silenciosamente hasta su apartamento y lo abrió. Su cama, aún sin hacer, y la camisa blanca colgando de la puerta del baño, indicaba su soledad y naufragio. Por la ventana semi abierta penetró el ruido que traía el viento de la bahía, y el silbido a presión de la calefacción. En el ancho butacón de flores, aún sin quitarse el sobretodo, comenzó a leer la carta de su madre. Una letra menuda, con tachones en oraciones completas y frases melodiosas y llenas de cariño, fue todo el contenido de ella. Al final, como un saludo requerido, el "fuerte abrazo de tu madre que no te olvida". Se bañó, encendió el televisor, dejó que la carta se llenase de polvo por dos semanas sin contestarla. "Hijo mío, deseo que me escribas lo más pronto posible". Esa mañana se desayunó con un vaso de leche y un café negro, después en la parada de Queens Boulevard, tomó el tren que lo llevó hasta Manhattan. Se bajó en la cuarenta y nueve y caminó casi tres calles hasta que penetró en el alto edificio inundado por un ejército de hombres y mujeres apurados. A las diez y media pudo completar su libro de Caja y decidió ir al baño. Frente al espejo observó la palidez de su rostro, y sus ojeras pronunciadas. "Todo está en iguales condiciones, no hay esperanza de que tu padre sane". Almorzó apurado, el café norteamericano aún poseía un sabor a jarabe andaluz, sobre todo en las cafeterías de Nueva York. Aquella tarde recibió con agrado el sobre abultado que le había llegado en el correo. Su madre, pálida en aquel vestido negro, junto a sus hermanos, parecía languidecer con suspiros melancólicos y tristes. No conocía el árbol de aguacate que estaba en el fondo de la casa y su sobrina le pareció una preciosidad bien pobremente vestida. El cartel en la calle, que enseñaba la fotografía, anunciaba una revolución. ¿Era aquello real?

Lo cogieron por el brazo, se dejó llevar tranquilamente, sin resistencia, los dos hombres preguntándole setenta y cuatro estupideces y si cocinaba en su casa, o quién era el que regaba las flores aquellas tan lindas del patio, y si le gustaban los jardines, o que le iban a presentar a un médico amigo de ellos que tenía una casa grande, con jardines, fuentes, televisor y radio, y pensó en su vieja que se iba a quedar sola. Tuvo náuseas por un instante pero recordó que sólo había comido un pedazo de pan con leche condensada y que el estómago no le permitiría vomitar. Cuando llegó a la cocina se encontró con Raposa, el perro de ocho años que le habían regalado cuando estaba en el colegio, colgado de un clavo en la pared. ¿Quién lo había matado? ¿Pensaría aquella gente que él había matado a Raposa?

Su inglés no había mejorado mucho aún, el acento se proyectaba en sus labios carnosos y rosados. Boston, Chicago, Miami y Tampa fueron las ciudades que visitó por los próximos años. Aquel año se decidió venir a Nueva York, regresar a los fríos acérrimos, a los rostros autómatas, y a los ruidos bulliciosos de una ciudad arruinada por todos, y a las líneas de la carta de su hermana: "Se fue mencionando tu nombre, y confundiendo a mi hijo contigo". En la iglesia de Saint Joseph of the Buck, con las tablillas de himnos dominicales, el órgano de raro espesor y majestuoso, y la pobre luz solar penetrando por los cristales llenos de vírgenes y cristos compungidos, mandó a celebrar una misa por el eterno descanso del alma de su madre.

Después de la reunión a la que no le dio mucha importancia se trasladó a Manhattan —¡había sido una cosa sin valor! ... ¿A qué otro grupo, que no fuera cubano, se le iba a ocurrir asesinar a Castro?—. José Menéndez, compañero de infancias y juegos, tres años de seminarista en Zaragoza, casado, con dos niños y una guapa mujer, no había cambiado nada físicamente. Habíamos estudiado en La Salle, primero en Naomaría, pueblo ascético en costumbres y años, y después en la Academia, varios kilómetros pasando el puente. Le decíamos Pepe Sapiencia, no sé si por lo de su cara de sapo, o por sus preguntas inoportunas que acostumbraba a hacer a los profesores raquíticamente preparados. Había sido, verdad es, buen estudiante. Precursor de la revista estudiantil, escribía artículos filosóficos, que nadie leía, como hobby, o como signo snobista. Su sentido del humor refinado que a veces era petulante —quizá porque lo recordaba siempre leyendo a *Mad* y no nos gustaba que supiese leer el inglés mejor que todos nosotros, y se exhibiese por todo el colegio con aquella revista yankee—, fue siempre vivo. Había puesto de moda la filosofía de Pelencho, filósofo, que según él, había nacido en Cuba antes que Martí, durante los tiempos de Doña Guiomar, y que había muerto de unas terribles diarreas —¡repitiendo sus palabras! —cuando el marino yankee se había hecho "las heces fecales en la estatua ecuestre". Me fue a esperar en la estación de autobuses en Newark. El ambiente norteño me pareció diferente en aquella parte de New Jersey. La gente no caminaba acompasadamente como en el sur —conocía desde las Carolinas hasta Key West—, el apresuramiento, entre aquellos rostros cansados, agobiados por tanto humo de chimenea —pensé— por tanto crimen de sábado por la noche, y tanto welfare —seguí pensando— debería tener atrofiado a aquellas gentes su sentido de la estabilidad, del tiempo, de la vida. Lo vi y comencé a gritarle haciendo caso omiso a los rostros blancos y negros que nos observaban confundidos con nuestros abrazos.

—¡Quién lo iba a decir! Los dos sumergidos en esta ciudad, tan absurda y llena de fecales blancas . . .

—¿Fecales blancas?

—La nieve, la nieve . . . ¿Te has olvidado de la fraseología pelenchiana?

—Siempre tú . . . ¡No cambias!

—He cambiado mucho . . .

Me lo dijo sin gracia, no supe cómo tomarlo. Quizá era otro de sus tantos chistes, pero esta vez no, algo me decía que Pepe había cambiado.

—Y la gente . . . ¿Cómo está?

—¿La gente? Probablemente me estás preguntando por aquel grupo heterogéneo, sin clasificaciones zoológicas, que nos aunábamos en los buenos tiempos de la burguesía sin las gracias . . .

—¿Sin las gracias?

—¡Carajo! ¿Te olvidaste? ¡Sin el "Gracias Fidel, ésta es tu casa!"

Eran las cuatro y media de la tarde. ¿De la tarde? Afuera la noche se había adueñado del frío callejero, de los edificios viejos, de los pantalones de los transeúntes —hombres y mujeres—, de los pasillos obscuros y calentados por el silbido de la calefacción, los gritos de los muchachos por la calle, hablando inglés, y riéndose en cubano, más gritos por las escaleras, más recuerdos, y Sapiencia hablando, diciéndome cosas para pensarlas dos veces: "Nosotros los cubanos somos un éxodo sin patria, pero con amo —¡el dólar, canalla, el dólar!—"; "la felicidad está en otra parte, dice Bretón, y yo digo: ¡en casa del carajo!"; "la verdad os hará libres— ¡y después a tirarse de un cuarto piso, cuando se comprenda lo terrible que es!—"; "el hombre de carne y hueso, que pregonaba Unamuno en su descarga, no era del todo de carne y hueso . . . —¿Dónde se dejan las uñas, el pelo, el sudor, la mierda y el vómito, o las lágrimas?—".

Cuando dieron las ocho y media nos sentamos los cinco a la mesa (Sapiencia, su mujer, los dos niños y yo) y nos comimos la comida del exilio: arroz con pollo, plátanos fritos, ensalada de aguacate, cerveza, guayaba con queso blanco, café y un tabaco, los gritos de los niños, la docilidad de su mujer, los pensamientos de Pelencho...
—¡Ya lo dijo Pelencho!
—¿Qué?
—¡Dime de qué color es la sangre y te diré si te han herido!
—Sapiencia...
—Dime...
—Tengo que decirte algo...
—¿Importante?
—Pssss...
—¿No me vas a dejar decirte el último aldabonazo de Pelencho? La seriedad de mi rostro, mi rictus de tristeza, mis ojos brillantes, la mueca de mis labios, y su intuición, le hicieron prestarme atención.
—Dime... ¡Soy todo oídos!
—Soy marxista...
Sus ojos penetraron a los míos y después, como en aquellos años que en nuestra niñez jugábamos en el patio del colegio, su voz filosófica tomó caracteres cómicos.
—¡Estás jodío, mi hermano! ¡Te ha vencido el exilio! ¡Cuánto lo siento!
Por fin, no se rio más en toda la noche.

Angel A. Castro

En el manicomio

El Departamento de Lenguas Romances de la Universidad de Grammar City, en el Estado de Iowa, lo formaban tres profesores, dos profesores asistentes y diez estudiantes ayudantes. Entre estos diez estudiantes había uno refugiado político de Cuba, su nombre, Néstor Martínez.

Néstor Martínez estaba casado con María García y tenían tres hijos: Néstor, Mario y Alberto.

En las mañanas, Martínez actuaba como "teacher assistant" (maestro-estudiante ayudante) de la asignatura Español 101. Tenía diecisiete estudiantes norteamericanos —no graduados— en su clase. Por la tarde, Martínez se transformaba él mismo en estudiante graduado.

Se decía Martínez a sí mismo:

—No acabo de entender el sistema de educación norteamericano. Estudiantes graduados y no graduados. Aquí no se acaba de graduar uno nunca. Me parece una paradoja.

—Bueno, pero cuando tenga yo mi título de Ph.D., me haré rico, y me desquitaré de todos mis sufrimientos...

Y seguía camino de su modesto apartamento, quería entretenerse contemplando los árboles que en el invierno lucían como cubiertos de algodón.

Caminaba y caminaba, y volvió a hablarse a sí mismo:

—Llevo seis años asistiendo a esta Universidad, me han humillado mucho. Los profesores resienten que soy nativo, que soy cubano. También que soy graduado de la Universidad de La Habana..., resienten que soy doctor...

—¡Y qué hambre he pasado con mi familia...! Llevamos comiendo perros calientes y sopas en lata por cerca de seis años...

Caminaba y caminaba y volvió a hablarse a sí mismo:

—¡Qué agonía es estudiar en la Universidad norteamericana! Es una verdadera tiranía. Hay que obedecer al Profesor. Soy casi un esclavo. Si no le sigo la corriente a mi Profesor, me dará una calificación de C, y tendré que repetir el curso...

—Hay cuatro compañeros asistiendo a la consulta del médico siquiatra, dos están recluidos como locos; pero yo no, yo no terminaré en el manicomio.

En el mes de septiembre de 1969, seis años después del inicio de su carrera, al fin, Néstor Martínez terminaba sus estudios para el diploma de Doctor en Filosofía en Lengua Castellana. Era Ph.D.
—Ahora soy Ph.D., voy a vengarme de los sufrimientos padecidos, ahora haré sufrir a otros. Seré un Profesor implacable, como aquel Profesor Berry, que me mantuvo enfermo por cuatro meses.

—Y pensar que le debo al Gobierno de los Estados Unidos de la América del Norte la cantidad de quince mil dólares, que me han prestado para poder pagar por estos estudios. Quince mil dólares ha costado mi diploma de Ph.D., y en Cuba no pagué más de doscientos cincuenta pesos por derechos de matrícula durante cinco años. ¡Qué barbaridad! Estudiar en los Estados Unidos de la América del Norte cuesta una verdadera fortuna.
—Bueno, pero ahora perteneceré a la élite. Soy Ph.D.

* * *

En un pequeño college (colegio o universidad) del Estado de Iowa comenzó el Doctor Néstor Martínez su carrera de Profesor de español. El jefe del Departamento de Lenguas Romances era otro cubano: el Doctor Ricardo Florete; y todo marchaba admirablemente. Los dos profesores se admiraban y respetaban. Así pasó un semestre, y en el mes de febrero se publicó el catálogo del colegio.

Néstor llegó a su oficina y miró el catálogo sobre su mesa, se sentó, lo tomó entre las manos y comenzó a leerlo sin mucho cuidado.
—¿Deja ver de dónde es Ph.D. el Doctor Ricardo Florete?
Al final del libro aparecían los nombres de los profesores, y Martínez buscó la letra F, y leyó en voz baja:
—Ricardo Florete, Doctor en Derecho, Universidad de La Habana. Cuba.
—¿Cómo, Florete no es Ph.D. norteamericano?
—¡No, no puede ser ... !
Y en su mente pasó como una película de colores, en azul, en rojo, en amarillo, en verde, en violeta; sus sufrimientos durante seis años. Veía perros calientes, muchos perros calientes: de color amarillo, de color verde, de color azul, de color anaranjado.
Veía a su mujer de color azul, de color amarillo, de color verde ... , de color violeta. La música acompañaba la película, era una música estridente, fuerte; y en los oídos le repercutía; los oídos parecía

que estaban próximos a estallar. La nieve no era blanca, sino que ahora era roja y quemaba; el cielo no era azul, sino negro, sin estrellas. Y los perros calientes bailaban, con vestidos con letras A, B; y uno llevaba la letra C, su vestido era de color negro.

En esta sinfonía de música y colores, al fondo había un sarcófago negro y dentro el título de Doctor en Derecho de Néstor Martínez..., de pronto..., el diploma empezaba a bailar y decía con voz ronca:
—República de Cuba. El Rector de la Universidad de La Habana, en uso de las facultades que le confieren los estatutos de esta Universidad y a propuesta del tribunal correspondiente, expide el presente título de DOCTOR EN DERECHO a favor de NESTOR MARTINEZ, en consideración a los ejercicios de grado que hubo de realizar.

En testimonio de lo cual, y para que surta todos sus efectos legales procedentes, autoriza y suscribe este título conjuntamente con el Decano de la Facultad respectiva. En La Habana a cuatro de octubre de mil novecientos cincuenta. Firmado, Decano. Firmado, Rector de la Universidad de La Habana.

Al cabo de un rato de mudo silencio, Néstor Martínez salió corriendo por la avenida principal del colegio y gritaba:
—Soy Ph.D., soy norteamericano, vivan los perros calientes..., vivan los perros calientes...

Néstor Martínez estaba ahora recluido en un cuarto blanco, con pijama blanco, estaba en el Manicomio de la Universidad de Grammar City, Iowa City, Estado de Iowa, y sólo repetía:
—Soy Ph.D., soy norteamericano, vivan los perros calientes..., vivan los perros calientes...

Angel A. Castro

El hijo yanqui

En el solar "El Reverbero", de la calle Macedonia, ciento once, barrio del Cerro, en la ciudad de La Habana, vivía Lupe Pérez, una mulatica casi blanca, en concubinato con el negrito "Chicho Pan de Gloria". Lupe era de la raza negra, pero su piel y sus facciones parecían de una persona de la raza blanca. Era muy bonita, de cuerpo esbelto —como una palma real—. Hembra, bien hembra, sensual y provocativa.

"Chicho" era el típico negrito cubano, vivaracho y hablador. Ganaba su sustento en el negocio semi-lícito de las apuntaciones de números para la "bolita", "la charada", y las apuestas en la pelota, en el boxeo y en las carreras de caballos.

* * *

Un sábado, y como de costumbre, "Chicho" se había levantado tarde —cerca de las doce—, y conversaba con Lupita:
—No hay "jama", mi "lea" (no hay comida, mi mujer).
Desde que Fidel Castro comenzó con el lema: "El que no trabaja, no come", estamos pasando tremenda "canina" (mucha hambre).
Lupe respondió:
—Yo le diría a ese "hijo de la gran puta" que: "Yo no trabajo, porque no como"... El pueblo está pasando mucha hambre.
—Muy bien, Lupita. Mira, creo que debemos ir pensando en irnos para "la United" (los Estados Unidos). Allí hay trabajo y comida en abundancia: allí hay actualmente más de un millón de cubanos. Allí hay libertad... Aquí, hambre, miseria, despotismo y terror. Hay más de setenta mil personas en las cárceles y "campos de concentración". Han fusilado a más de treinta mil cubanos.

* * *

Después de muchas e infructuosas gestiones para poder salir de Cuba legalmente, se decidieron a tomar la vía ilegal. Y al mes de ir de aquí para allá, consiguieron dos asientos en una pequeña lancha, que por mil pesos los llevaría a los Estados Unidos, en unión de cinco cubanos más.

* * *

Y llegó el día de la fuga en masa del pueblo cubano, el éxodo más grande que se recuerda en la Historia de América.

* * *

El día señalado, la lancha salió —con siete personas—, de una pequeña ensenada cerca de la playa de Baracoa, en la provincia de La Habana; y en dos días de navegación atravesaron felizmente "el corredor de la muerte", y desembarcaban en uno de los cayos de La Florida, Isla Morada. Detenidos allí, los trasladaron a la ciudad de Miami. En Miami los remitieron a "La Casa de la Libertad", y más tarde, fueron inscritos por oficiales de inmigración. Eran los refugiados cubanos números 1.999.999 y 2.000.000.

* * *

En Miami, Lupe insistía con "Chicho":
—Hay que aprender inglés, negro... Hay que aprender inglés...
—No mulata, yo no "chamullo" (hablo) esa lengua. Es tridificilísima (tres veces difícil, o muy difícil)... Yo sigo en el cubaneo, en Miami como en La Habana; seguiré en el negocio de las apuntaciones y el juego. Aquí, en Miami, está la cosa mejor que en La Habana de los tiempos del gobierno del "viejo Galimatías" (Cuba: gobierno del presidente Dr. Ramón Grau San Martín) ¿te acuerdas?: él dijo aquello de que "las mujeres son las que mandan".
—Yo no aprenderé el idioma inglés. Es muy difícil... Aprender inglés es muy difícil —dijo "Chicho".

* * *

Lupe, después de un año de constantes peleas y discusiones sobre la necesidad de aprender a hablar el idioma inglés, frustrada y molesta, decidió abandonar a su concubino, y se marchó de Miami para la ciudad de Nueva York.

* * *

En Nueva York encontró en seguida empleo en una fábrica de costura. Era una obrera trabajadora.

* * *

Pasaron cinco años, y Lupe, después de muchos esfuerzos y sacrificios, asistiendo a clases nocturnas de inglés, aprendió a hablarlo casi correctamente.

* * *

Habían transcurrido siete años desde el día de la fuga de Cuba comunista, y Lupe había pasado satisfactoriamente los exámenes para adquirir la ciudadanía norteamericana. Ahora era norteamericana. Se había casado con un yanqui y vivía feliz.

* * *

—¡Ya soy yanqui...! Tengo un esposo norteamericano, rubio y de ojos azules: mi "dear John Smith" —se decía Lupe a sí misma..., muy contenta y feliz.

—No quiero saber nada más de los cubanos, ni de los latinos, ni de los negros. Aquí soy y seré Mrs. Mary Smith —qué caché (francés: se escribe cachet), pensaba en voz alta.

Y continuaba en monólogo interior: "Mi abuela era una negra esclava, y mi abuelo era un gallego, blanco pero pobre y bruto. Pero aquí nadie lo sabe, ni lo sabrá nunca... ¡Aquí soy blanca...! Soy blanca y tengo un marido blanco, rubio y de ojos azules... Ahora soy blanca y yanqui..., estoy preñada —con ocho meses— y pronto tendré un hijo y será yanqui..."

* * *

Al mes siguiente Lupe ingresó en la sala de maternidad del hospital municipal, y allí daría a luz.

* * *

Mr. John Smith esperaba en la salita anexa al salón de maternidad en el hospital. Estaba un poco nervioso, pues dentro de pocos minutos su esposa daría a luz. Iba a tener un hijo. Su sueño anhelado.

* * *

Al cabo de una hora, una enfermera, vestida en blanco uniforme —como el coco—, se dirigió a la salita de espera, y preguntó por Mr. Smith. Este se paró como un resorte, se acercó a la enfermera, y ella le explicó que su esposa había tenido un parto muy bueno, sin problemas, y que ahora podía ir a la ventana de cristal de la sala infantil y desde allí podría conocer a su hijo.

Mr. Smith caminó por el corredor hacia el mirador de cristal, iba detrás de la enfermera. Al rato llegó al ancho mirador y preguntó:
—Which one is my son? (¿Cuál es mi hijo?)
—That one, the negro baby (Ese, el bebito negro) —dijo la enfermera.
—A nigger (Un negro) . . . !!!

* * *

Lupita había engañado a todos, pero la teoría de Mendel se había cumplido inexorablemente: "SU HIJO ERA UN NEGRO YANQUI".

Uva A. Clavijo

La bicicleta de la peseta

Para mirar hacia afuera tuvo, con la palma de la mano, que limpiar el vapor que empañaba los cristales. Una blanca lontananza fue cuanto alcanzó a ver. Se oía el viento, amenazador, maltratar los árboles desnudos.
Volvió al caballete. En vano intentó de nuevo trabajar. La mano, indócil, sólo engendraba líneas duras, sombras densas; dificultad, tristeza. Parecía haber perdido la soltura del trazo, la gracia y agilidad que habíanle valido algunos elogios y mayores envidias.
Siempre se había sentido bien mientras pintaba. Allí, donde un bosquejo de mujer esperaba líneas y colores que le diesen ánimo, había ido descubriendo, con medrosa complacencia, los secretos de la vida.
Pero ahora el pensamiento se negaba a circunscribirse al lienzo y escapábase por el ventanal, desafiando la helada blancura de las nieves...
Decidió salir. Tomó el abrigo. Desde los escalones inferiores le gritó a su mujer que se marchaba.
No escuchó las palabras que Mariana le respondiera, aunque bien se imaginaba que contenían advertencias acerca de los peligros de conducir bajo tal tormenta, pero sí le fue fácil denotar en su voz, como de costumbre, la misma encubierta violencia.
En cuanto abrió la puerta, el aire helado le azotó el rostro.

* * *

Las gotas de sudor, gruesas, espesas casi, le rodaban lentamente desde el cabello, por el dorso desnudo, entre los pantalones, hasta los mismos pies.
Quemaba el sol sobre la espalda.
La cintura dolía de estar agachado.
Los dedos sangraban.
El hambre y la sed se hacían insoportables.
Aun así, terminó con ahínco su surco. Antes, mucho antes que los demás.

Hubiera podido sentarse a descansar hasta que los otros lo alcanzaran.

Hasta había un árbol donde la sombra se regalaba generosamente. Pero volvió hacia atrás y tomó el surco de Iris.

Iris era pequeña y grande. Débil y fuerte. Tenía los ojos tristes. La sonrisa cansada.

Si le dio las gracias, él no la oyó. Pero sí vio, que su rostro se suavizaba... y su tristeza se volvía menos triste.

Cuando al terminar el surco de Iris le devolvió sus herramientas, sus dedos se rozaron.

Hacía tanto tiempo que había olvidado que era hombre...

* * *

Calentar el automóvil le tomó cerca de diez minutos. Al llegar a la esquina e intentar detenerse en el "Stop" perdió el control del timón. Afortunadamente no había vehículos estacionados cerca y no ocasionó daño alguno.

Ya se imaginaba la queja de su mujer.

—¿Qué necesidad tenías de salir bajo esta nevada? Sí, el seguro cubrirá todo, pero nos subirán la prima. Tú no sabes aún cómo son las cosas de difíciles en este país. Los que acaban de llegar de allá se creen que todo es coser y cantar... Para pasar trabajo hay que haber venido como yo, con un niño pequeño, sin un centavo, ni quien le diera a uno la mano...

Llegó hasta el garaje de Pepe. Se detuvo a limpiar el parabrisas.

Al entrar a comprar cigarros, encontró a otros cubanos.

—Oye, Orlando, ¿qué te parece esta nieve? ¡A que tú nunca habías visto algo así!

Un ligero gesto de la cabeza fue su única respuesta. El hombre continuó hablando:

—¿Te enteraste de la última, mi hermano? Un gobierno en el exilio. Con gente buena, no creas. A la mejor esta vez camina la cosa. Hay quien dice que el próximo lechón lo comemos en Cuba. Eso será pa' otros, porque yo, mi socio, ya no tengo na' que buscar allá. Mis hijos —tú sabes cómo es eso, por más que uno trate— son americanos, y uno aquí se ha acomodado... ¿Pa' qué pasar otra vez más apuros? Claro que yo quisiera que eso se arreglara, porque como quiera que sea es lo de uno.

Orlando, después de esperar pacientemente por que le cambiaran un billete de a dólar, había depositado las monedas en la máquina.

Apretó el botón para seleccionar la marca de cigarrillos que deseaba. Pero la máquina, testarudamente, no devolvía los cigarillos ni tampoco las monedas.
El hombre la golpeó con el puño cerrado.
Nada.
—Espera, chico, esto se resuelve. Llama a Pepe pa' que la abra.
—Da lo mismo.
Salió otra vez a la nieve y se alejó, lentamente, en el auto.

* * *

El día era amarillo.
Salía temprano con las tres chicas.
Septiembre. Primer día de escuela.
Las tres vestidas iguales. No era uniforme. Era una bata de "todos tenemos".
Los ómnibus iban repletos.
La mamá tenía que entrar muy temprano a trabajar. El se ofreció a llevarlas, al menos los primeros días.
La pequeña se llamaba como la madre, Iris. Estaba en primer grado.
¿Qué derecho tengo yo, Dios mío, a entrar en la vida de estas niñas para irme después?
Sí, tengo que irme. Yo tengo un hijo.
A veces se me olvida la risa de mi niño. Y su llanto, y su vocecita.
(¿Se podrá él acordar de mí?)
Cómo se me olvida Mariana. No sé ya cómo huele su piel.
Iris. Tampoco a ti tengo derecho a hacerte daño. Pero no te he engañado. Tú sabes que sólo tenemos el hoy. Y aun así me has querido. Sin lazos. Sin promesas. Sin mañanas.
Ya estamos en el paradero.
—No, Lucrecia, deja pasar esa guagua que va llenísima.
Lucrecia es la mediana. Tiene el pelo crespo y oscuro y los ojos llenos de . . . ¿De qué, Dios mío? ¿De asombro? ¿De miedo? ¿De desconfianza?
—Esta no viene tan llena, papá.
Sólo Iris le dice papá.
El disimula para que no se den cuenta. Los ojos se le humedecen. El vocablo se le cuelga a su tristeza. Y le pesa.
Se detiene la guagua. Varias personas se desmontan. Las niñas se apresuran por subir. Ya está Iris dentro y les sonríe triunfal. Antes de

alcanzar la puerta, ésta se cierra. La pequeña queda dentro y él, con las otras dos chicas, en la acera.
Le invade el miedo.
¿Qué hacer? ¿Correr como un loco hasta la próxima parada? No. Son muchas cuadras. Se decide por montar el ómnibus que viene atrás. Va con las chicas de la mano. Callados los tres.
¡Qué viaje más largo!
Al llegar a la esquina de la escuela, los espera Iris, sonriente.
El se siente tan feliz que la alza por la cintura, la tira al aire. La recoge. Es delgadita y ligera. Como los sueños.
Está tan contento que quisiera decirles que no vayan a las clases. Llevarlas a la playa. O al río.
Al dejar a las niñas en la puerta de la escuela, la maestra, desde el umbral, lo saluda:
—Buenos días, señor Moreno.
Las niñas ríen. Moreno es el apellido de ellas, no el suyo.
Iris les guiña un ojo.
Y el hombre se va dando brinquitos, como si también él fuera niño.
Tres veces tiene que darle la vuelta al parqueo antes de encontrar estacionamiento.
Camina una larga cuadra hasta alcanzar el "shopping center".
Se oye el sonido metálico de la Banda del "Salvation Army". Diciembre.
Se dirige a la juguetería. Al entrar, tropieza con una mujer.
—I'm sorry —se excusa él con su inglés de fuerte acento. La mujer lo mira con odio. Y el hombre siente un absurdo e intenso desprecio por aquel ser anónimo.
Diciembre.
Camina hacia el departamento de niños.
Ve camiones. Trenes eléctricos. Pelotas. Guantes.
Ve rifles. Pistolas. Rifles. Pistolas. Rifles. Pistolas.
—Mariana, al niño hay que sacarlo de Cuba.
—Pero si tiene dos años, Orlando . . .
—Lo enseñarán a usar un rifle . . . Llévatelo. Se van. Ustedes se van.
—Tú te has vuelto loco.
—Tú te llevas al niño.
—Bueno, está bien.
—Lo enseñarán a usar un rifle . . . Rifles. Pistolas. Rifles. Pistolas.
—May I help you?

La tarde es rosada.
Tiene la manía de los colores. Ya es un juego con las niñas. ¿De qué color está el día?
Vuelven de las compras.
—¿Por qué no paramos a ver los juguetes que quedan? —es Isabel, la mayorcita. La voz refleja más miedo que ilusión.
—Total —le contesta la hermana— falta una semana para que nos toque el turno. Ya no habrá nada.
—A lo mejor... todavía ayer había una muñeca... Y si no hay muñecas, quizá queden jueguitos de cocinar...
—Con una bicicleta sí que no se empata uno jamás...
—¡Mira que ustedes son chiquillas! —es ahora Lucrecia la que reprocha a sus hermanas. ¿Quién quiere juguetes?
La tarde se ha vuelto gris.
El hombre, al dejar a las chicas junto a la madre, se va sin cenar.
Ella no le pregunta. Ha visto en sus ojos todas las respuestas.

* * *

Bicicletas. Muñecas. De todos colores. De todos tamaños. Con pelo lacio, que crece. Muñecas que bailan. Que tocan guitarra. Hasta que comen. Más bicicletas. Con velocidades. De todos tamaños. De todos colores.
May I help you? We have a sale.

* * *

Camina. Camina por las calles de La Habana. Pregunta a un amigo. A otro.
—¿Una bicicleta?
—Sí, aunque no funcione, aunque sea vieja.
Por fin la encuentra.
Esa noche, con la cabeza sobre el pecho blanco de Iris, el hombre llora.
Es feliz y tiene miedo. La felicidad es efímera. ¿Cuánto podrá durar?
La esconde. Esconde la bicicleta.
Cuando las niñas duermen, trabaja en ella. La lija. Le asegura los tornillos. La pinta. Pero está rota y hace falta soldarla. Es imposible encontrar metal alguno.

Entonces recuerda las monedas. Las que dejó su familia. Son de plata. Valen mucho. No valen nada. ¡Más vale la risa de un niño!
Derrite la plata.
Arregla la bicicleta.
Día de Reyes.
Las niñas tienen bicicleta.
"La bicicleta de la peseta", le dicen las niñas.
En el barrio, los amiguitos preguntan por qué.
—Porque a mi papá le costó una peseta —contesta Iris con malicia.
Y le guiña un ojo.
"A mi papá..."
Y el vocablo se le cuelga a la tristeza y le pesa más y más cada día.

* * *

—Sixty-eight ninety-three, please.
Ha seleccionado para el niño una caja de acuarela, un tocadiscos, unos libros.
Escribe un cheque.
Lo mandan al "manager" para que se lo aprueben.
Le piden identificación. Lo retratan.
Vuelve a la cola para pagar.
Sale con las compras.
El frío le quema el rostro.
Y se queda allí parado, sin saber hacia dónde ir, porque ha olvidado dónde estacionó el automóvil.

* * *

Enero de 1974

Roberto G. Fernández

La llamada

Sentados en aquella inmaculada salita en torno al teléfono, tal como si fuera un santo en vela, se encontraba toda la familia reunida. Raúl, el mayor, ya había arreglado su amplificador para conectarlo al receptor. Marta, la niña, afanosamente probaba su grabadora de pilas. Don Jesús, fumándose un tabaco, no dejaba de pensar en los $50 que le habría de costar la llamada. Claro que no expresaba su opinión por respeto o miedo a su mujer; ¡Clara era tan apegada a su familia!, y ya hacía cinco años que no hablaban. Mientras sucedía esta escena en la salita, Clara y su hermana María repasaban la lista de preguntas para así no perder tiempo cuando les concedieran la deseada comunicación inalámbrica.

El rico aroma de café recién colado comenzaba a difundirse por la salita a través de la ventana del comedor, cuando sonó el aparato. Clara desaforadamente se lanzó de la cocina a la sala, tan sólo para encontrarse que era un número equivocado. Don Jesús, ya nervioso, mascaba el cabo del tabaco. Los muchachos volvieron a sus sitios.

Pasaron tres largas horas cuando al fin se oyeron por el amplificador cinco timbrazos; y al descolgar se escuchó la suave voz de la operadora quien anunciaba la llamada y preguntaba su habitual: "¿Están dispuestos a pagarla...?"

* * *

—Sí, dile que ya les mandé las medicinas para la artritis.
—¿Cómo? No se oye nada. Habla más alto que hay mucha estática.
—El que se murió fue "Panchito", el del kiosco de la Calzada.
—¡No me digas! Bueno, pero ya estaba cañengo, y eso de quedarse para hueso viejo... ¿Y de Cuba qué me cuentas?
—¿Hay frío por allá? Aquí este año no hemos tenido casi ni invierno. Albertico está becado en Bulgaria. Estudiando leyes.
—¿Quieres hablar con Jesús?
—¿Qué...? El que se murió fue Panchito, el del kiosco de la Calzada.

—Habla más alto que no se oye nada.
—Mándame la pieza de la máquina de coser que aquí no se consigue. Es Elna, así que mándamela por Suiza. ¿Y los muchachos?
—Aquí están, ahora te van a hablar.
—¡Cómo le ha cambiado la voz a Raulito!
("Clara, corta que no vamos a tener dinero para pagarla". "Cállate, Jesús, no seas impertinente".)
—¿Y del asunto aquel que te dije? El del canario de la jaula color oro.
—¿Sabes quién se fue por Mallorca? Luisito del Valle.
—¡No me digas! Ya tengo que cortar pues esto no es allá y aquí sí que hay que trabajar muy duro.
—¿Y de Cuca qué me cuentas?
—El que se murió fue Panchito, el del kiosco . . .
—No se oye nada. Habla más alto.
—Aquí este año no hemos tenido casi ni invierno . . .

* * *

—María, ¿tú te acuerdas si le pregunté si sabían algo de Cuca?

A margarita sánchez y
loly espino

V. Política y revolución

Uva A. Clavijo

Eco de una canción

a Juanín Pereira

Te han dicho, Juanín,
que te perdiste en los vericuetos de la historia,
que te convertiste en un anacronismo,
que tu causa no existía,
y que nadie jamás te escribirá una canción.

Dile a quien te lo ha dicho, Juanín,
que no te diga mentiras.

En ellas, solamente, puedes perderte tú.
(Claro que la historia, como la escriben
los que ganan, es muchas veces mentira).
Dile, Juanín, que la verdad no es más que una.

Explícale cómo en el más miserable calabozo
puede un hombre digno ser libre.
(Y por si acaso él no lo sabe, explícale también
cómo hay hombres que viven más allá de la muerte).
Dile que no hay vida más esclava que la del tirano
(a no ser, quizás, la del que lame sus botas),
que no hay cadenas más férreas que el odio
(a no ser, quizás, la ignorancia).

Dile que aún hay hombres que sueñan
el sueño de mármol de Martí
y que con sus cantos te basta.
Dile, Juanín, que aún no se ha muerto tu raza.

Yo tampoco sé escribir canciones.
Las canciones se escriben con sangre, no con tinta.
Yo sólo recojo el eco de los que te cantan día a día.

Tu muerte no fue inútil (ni tampoco tu vida).
Y si alguien osa decirte que tu causa no existía,
¡Coño!, Juanín, dile que basta ya de mentiras.

Mayo, 1974

Raimundo Fernández Bonilla

Elegía para Cuba

I

Hay un surco mirando sobre el agua
que muy bien pudiera ser un trazo.
Hay un vínculo tremante y olvidado
que tal vez lograra ser un arco
de un arquero que apunta hacia el poniente,
el cuadrante de América refracto.
Hay una voz que ruge y aparece
sobre aqueste ecuador inmensurable
a enclavada brújula de fuego,
a relámpago fósil, a poniente.

II

Esa es la voz . . .
La interminable llama . . .
Como un signo de advertido mineral antiguo,
en su vetusto rumor, en su negro clarín fortificado.

III

Morir en primavera. Irse al alba.
Andarse temprano moribunda
y arder de un tajo al comenzar la vida,
al castillo de rayos semejante,
al abierto cristal en naves consumido.

IV

En la roca de azúcar y en su estela
yace la isla transparente
a su hermoso tamaño desangrada...
La antepasada tierra que nos lleva;
el crispado suelo que llevamos.
Ah, la melancólica voz de su dulzura.

V

¿Quién te nos ha roto como un tajo?
¿Quién te ha disipado como si fueras de sueños?
¿Quién tu sangre de lirios transfiguró en zarpazos?
¿Quién tu cuerpo celeste ha transitado
como si fueras polvoriento andurrial,
público arroyo de humaredas, establo de burdel,
manicomio del mar, lúbrica alimaña?
¿Quién te enladrilló los ojos,
cuadró tu cintura finísima y quemó tus cabellos
para las infinitas bestias de la noche?
¿Quién te arrebañó como ganado?
¿Quién te cenó en la madrugada
como pequeño animal de la montaña?
¿Quién como a torcaza, como a tórtola
llenó de perdigones tu inviolable carne?:

> "En la orilla floreciente"
> donde voló claro el río,
> levantó su tienda hirviente
> el Aqueronte sombrío.
> Allí tu carne luciente
> nos muestra el pecho vacío
> que la polaina insolente
> sepulta en el lomerío.
> Allí están los "comandantes"
> de la "justicia" montados
> sobre tu vientre. Sonantes
> los zapatones herrados
> rompen tus labios sangrantes
> frente a los curas callados.

Allí el Nuncio te apedrea
con "política profunda"
mientras la cruz cabecea
y en el templo fiesta abunda.
El viejo Obispo vacila.
Vacila el Obispo anciano:
pues lo quitan. Y tranquila
la "Iglesia" esconde la mano.
¿Quién te pregonó de huesos cristalinos?
¿Quién te ha hurtado la cruz, el sacerdote?
Es que la Iglesia, nuevamente, con el Turco se fue;
su nuevo y viejo amigo: El Turco.
Ya no somos importantes. Ya no somos más su amigo.
Como en el siglo XVI, el XX.
"Ni al Turco se le ha de hacer la guerra", dijo Erasmo.
"Prefiero dialogar con Moscú", dijo Karl Barth.
Ya no somos importantes.

Jorge Guitart

Aventuras de Mambrú

Mambrú mira en el espejo
la gran pelota que es el mundo.
Ya la van a desinflar
unos señores sin bigote.

Bajo una nube muy fea
un pajarito de plomo
le vuela a Mambrú los sesos.
Mambrú cierra los ojos.

Jorge Guitart

Crónica roja

—La vida es de plástico,
grita un obrero.
Antes de matarlo
el capitán piensa
(sin saber por qué)
en una puta gorda
y sudorosa
que conoció en el Hotel
Delicias.

José Kozer

Mi patria es Cuba también

Mi patria es Cuba también,
desde que en 1927 emigrara mi padre el polaco,
pusiera su óbolo de sangre en noches clandestinas de marxismo,
una sastrería en la calle Villegas.
Yo también, mambises, capitanes, dictadores,
nací aledaño a un corrupto prostíbulo,
se me aguaron los ojos con Martí,
puse la esperanza en las montañas.
Hoy acepto los trastornos de la historia.
Quemo los puentes, voy de Cuba en Cuba.
Estoy de pie en la esquina de Galiano, me arrogo este derecho.
China, qué te pasa que me miras sediciosa,
cuando yo lo que te busco en el fusil es la sandunga.
Mi patria es Cuba también.
Me voy, abajo la política, fuera el bloqueo.
Aquí estoy, no queda otro remedio, hermano,
agarrar el avión,
y luego caminar a pie la isla,
dame la mano, pongo de lado
a gringos, rusos, chinos, la bomba y la molécula,
miro encantado la brisa de la tarde,
cojo la guagua a la universidad.
Al regreso está toda la familia en chancleta,
abuela que pone una fuente gigantesca de frituras en la mesa.

Juana Rosa Pita

Carta al preso

Hermano
    en la otra orilla se desangra
(tibias mareas mueren en mis manos)
tu verde corazón sin esperanzas

Redes de piedra en rojos lodazales
amordazan tus miembros trabajados
encharcan el azul de tu mirada

Y todo por lanzar contra los vientos
el odio que destilan nuevos césares:
y todo por amor a tus hermanos

Tu verde corazón sin esperanzas

Ardes fuera del tiempo suspendido
sudando transparencia:
            la mirada
del mundo te traspasa con su hielo

Y palabras de hermanos de esta orilla
ebrias de irrealidad (avergonzadas)
se suicidan en masa noche y día

Tu verde corazón sin esperanzas

Hermano
    si pudiera con mis uñas
escalar las paredes del abismo
corriera a romper redes
               las heridas
te vendara y tú aún podrías
tan sólo por amor
          resucitar
mi verde corazón sin esperanzas

Juana Rosa Pita

Carta de par en par

> *Saltar a lo inlograble, salvarnos*
> *de estas cifras de peste humana;*
> *—Irme, Dios mío, irme— como gritó Neruda.*
> *O como tú, Fray Luis, mejor tu fuga*
>   *—Angel Cuadra*

Querido hermano preso
perito en orfandades
las puertas de tu cárcel cederán
   a puro mar y sol:
toma las llaves
penetra con tu amor las apariencias
y verás mi memoria y mis sentidos
abriendo una ventana a lo imposible
   ahora desde aquí
con mi emoción afilada
en el sueño

Querido hermano preso
no te encojas de amor a sal y hiel
ante mi libertad
no te cruces de alma:
   sé un dócil dios
que espera fiel de par en par
el fruto inesperado de su verbo:
un abrazo

Uva A. Clavijo

La mancha

A los pueblos, mamá, hay que alimentarlos con mitos.
—¡Mitos! Pero Raúl Gómez no es un mito... no es un hombre extraño... Es el vecino de toda una vida... el muchacho con quien te criaste, que hemos visto crecer, como a ti... Yo no comprendo. Siempre fue tan correcto, tan tranquilo.
—No olvides, Estela, que situaciones como ésta traen a la superficie lo peor de cada hombre.
—O lo mejor, papá.
—Sabe Dios si su propio defecto físico lo ha hecho un resentido.
—¡Qué cosas se te ocurren, mamá! Si es sólo un poco encorvado...
—¡Es que actúa con resentimiento... con odio!

* * *

—Raúl, he recibido una carta de mi prima Marta. La tía Eulalia está muy enferma. Imagínate. Ya tiene ochenta años. No creo que vaya a vivir mucho más.
—¿Me oyes, Raúl?
—Sí... te oigo.
—¿Bueno?
—Bueno, ¿qué?
—¿Qué, no crees que deba ir a verla?
—¿A ver morir a esa vieja de la que nunca te has ocupado?
—Raúl, no hables así. Tú sabes que es mi madrina.
—Si tú quieres, ve.
—¿Tú crees que no haya problemas en que salga?
—No.
—Estaría sólo unos días.
—Mañana comenzaré las gestiones necesarias.
—Me gustaría que conociera a los niños... Siempre ha sido su deseo, y nunca ha habido oportunidad. ¿No crees?
—Tú quieres irte con los niños, ¿no es eso?

—Raúl, te aseguro que sólo unos días.
—Como digas... Te vas y te los llevas. A mí me es lo mismo.

Raúl Gómez, destacado revolucionario del movimiento estudiantil clandestino, ha sido premiado por su incondicional servicio a la Revolución. Se le ha nombrado Jefe de la Policía.

* * *

Tras los interminables interrogatorios, cómplice en las más espantosas torturas, estaba siempre Raúl Gómez. Implacable. Incompasible. Nunca se le vio alterado. Condenaba. Enviaba a los hombres al presidio. Al paredón de fusilamiento.

Comenzó a tomar fama. Ya los contrarrevolucionarios sabían que caer en las manos de Raúl Gómez era tan fatal como bajo las garras del propio Satanás. Nunca tuvo un momento de debilidad; nunca se vio, en aquellos ojos claros, el reflejo de un sentimiento humano.

Como si no tuviera conciencia, como si los muertos a sus espaldas no surgieran por las noches a desvelar su sueño, aquel hombre, antes de apariencia mediocre, de gustos refinados, de vida rutinaria, empezó a crecerse en su odio, a creerse grande en su poder, a sentir un placer morboso en matar, sin siquiera tener que apretar el gatillo.

Un día le trajeron a un joven mulato, de ojos claros. Por un momento, Raúl Gómez pareció confundido.

—Negra puta, ¿conque crees que voy a tragarme tus cuentos?
—No tenga po'qué enga'arte. Si no te'e pedío na'a.
—Entonces, ¿para qué me has mandado a buscar?
—Só'o pa'a que'o supiera...
—Pues no sé nada... ¿por qué voy a creer que "eso" es hijo mío... si tú eres una negra puta?
—Mira...

Veinte años habían pasado y Raúl Gómez recordaba con exactitud a la negra Rita destapando al mulatico y mostrándole cómo en la parte interior de la muñeca derecha, exactamente igual que él, el niño tenía una gran mancha negra.

—No quiero verte más nunca... ¿me oyes? Ni saber de ti, ni de ese cabrón muchacho... Toma... —y arrojó sobre la cama cuantos billetes llevaba, como queriendo borrar, con su repentina generosidad, la huella de aquel pecado.

Nunca supo más de ella, y la olvidó, como se olvidan siempre las cosas que necesitan olvidarse.

* * *

Ahora, sin embargo, ante él había un joven que podía ser su hijo. El quiso verle la muñeca, pero llevaba el uniforme de prisionero, de mangas largas, y tenía los brazos cruzados sobre el pecho. ¿Estaría mandando a su hijo a la muerte? Dudaba. Recordaba. Los demás se sentían extrañados. Raúl Gómez era de los que jamás vacilaba. ¿Estaría enfermo? ¿Estaría traicionando a la revolución como ya tantos otros? Si su mujer y sus hijos estaban fuera del país . . .
—Treinta años de prisión —dio la orden Raúl Gómez.
Quedaron atónitos los presentes. El crimen de este hombre merecía la muerte. Un milicianito joven preguntó a Gómez:
—¿Cómo no lo has mandado a matar? Si es gusano, contrarrevolucionario. —¡Culpable!
Raúl Gómez no contestó. Caminó por la habitación hasta pararse frente al prisionero. Dijo entonces con voz de mando:
—Enséñame las manos.
Así lo hizo el mulato. Gómez las examinó en silencio. Detenidamente, como el que busca la verdad misma. Cuando las vio libres de manchas, ordenó el fusilamiento.
A la mañana siguiente, al amanecer, se había cumplido la orden.
Pero aquel incidente cambió a Raúl Gómez. Era ahora un hombre obsesionado. Nervioso. Era ahora un hombre con conciencia.
Su labor se convirtió en una carga. Las causas que antes había abrazado se le antojaban crueles, malvadas. Dormía mal. Comía poco. Cada caso le hacía sudar más. Sus compañeros vieron aquello. ¿Era posible que Raúl Gómez no le fuera ya leal a la Revolución? ¡Su familia vivía en el imperialismo yanqui! ¿Estaría conspirando? Era obvio que Raúl Gómez no demostraba el mismo amor al movimiento que durante los primeros años. En sus ojos se reflejaba la duda.
Hasta un día . . . un día que le llevaron de nuevo a un mulato y no pudo verle las manos. No supo qué hacer. Lo dejó ir. Entonces los milicianos presentes se miraron entre ellos. Raúl Gómez empezó a sentir miedo. Supo que aquello era su fin. Mas pronto se serenó. Le daba lo mismo cualquier cosa. Pensó, "¿cómo iba yo a matar a mi hijo?" En realidad, ya no le importaba que aquel muchacho llevara o no en la muñeca una mancha. Empezó a comprender que lo importante no es que fuera o no su hijo, sino que podía serlo . . . y, más que todo, que podía ser inocente.
Raúl Gómez había vuelto a sus cabales, y, como es natural, fue encarcelado, y uno que se sentó como antes él, en la silla de dar las órde-

nes, lo acusó de traicionar la Revolución. El calló. Sabía que allí no cabían defensas. A la mañana siguiente lo llevaron con las manos en alto al paredón de fusilamiento.

—¿Quieres que te venden los ojos?

—No —él quiso ver cómo se muere en la forma que por su propia culpa ya tantos otros habían muerto.

Frente a él, no un pelotón. La Revolución no debe gastar hombres en tareas que puede hacer uno solo. Era un solo hombre para matarlo, y al verlo Raúl Gómez sintió miedo, un miedo agudo, penetrante, porque al alzar el hombre la mano con la pistola, un segundo antes que disparara y la bala entrara en su cuerpo, alcanzó a ver, en la parte interior de la muñeca, una mancha negra.

Julio, 1972

Ignacio R.M. Galbis

Una deuda saldada

Sientes el taconeo de las pesadas botas por el pasillo en penumbra mezclado con la peste a orines que se percibe por todas las húmedas galerías del sótano de la mansión. De repente cesa el ruido frente a tu celda que antes debe haber sido el cuarto de alguno de los sirvientes. El mismo antipático tenientillo bizco y desdentado con el .45 más pesado que él colgando de la cintura te anuncia:
—Señor... eh.. camarada Rodríguez. Ya nosotros no empleamos esos apellidos que suenan a cosa de burgueses pero como es una comunicación judicial tendré que usarlos. Camarada Rodríguez de la Cerda y Gómez de la Maza, el tribunal revolucionario lo ha hallado culpable de delito de traición a la patria por haber colaborado íntimamente con el régimen de tiranía y latrocinio que el gloriosa revolución ha derrocado, y se le condena a ser pasado por las armas en el acto. No, no tenemos ningún cura aquí pero si quiere el guardia lo acompañará por unos minutos a una capilla que existe cerca del lugar de la ejecución.

Te dan ganas de mear y cagar de pronto, y te dan permiso por tres minutos para hacerlo. En tu celda no hay más que un lavabo y allí tienes que defecar en frente a los dos soldados que te miran con desprecio y cambian unas palabras en voz baja. Adivinas sin oírlas que se están mofando de ti. Y, sin embargo, sientes un alivio, no sólo físico sino hasta espiritual. ¡Cuánto has cavilado en esas horas que llevas en esa residencia a donde te condujeron!

No podías contar con auxilio alguno. Todos te habían abandonado cuando más los necesitabas: tus amigos de ocasión, aquéllos que te habían mostrado una falsa y servil amistad mientras se aprovechaban de tu influencia; tu "amiguita", aquella amante que era el lujo más costoso que te habías echado jamás, como para estar a la par con los que te codeabas a pesar de que a veces te producían repugnancia por su falta total de dignidad; hasta tu mujer y tus hijas, con quienes ahora sentías un deseo anhelante de comunicarte —¡tal vez para pedirles perdón por todo lo que las habías hecho sufrir!— habían sido más afortunadas pues se habían acogido al asilo diplomático de una embajada amiga al enterarse de la sensacional noticia de la fuga del tirano, sabiendo que el llevar tu nombre —aunque únicamente para cubrir las apariencias— podría acarrearles graves dificultades. Sólo tú habías sido tan tonto como para dejarte sorprender en aquella madrugada trágica.

Pero, ¡qué tonto has sido! Un hombre de mundo como tú, con tu experiencia y tu inteligencia no has tenido la suficiente suspicacia como para estar prevenido. Deberías haber sabido que con comprar unos cuantos cientos de pesos de los "Bonos de la Revolución" no comprabas un salvoconducto para protegerte de un cambio de situación política y que lo prudente hubiera sido alejarte por unas semanas del ambiente en que te movías. Te hubiera bastado tomar el yate y dirigirte a Miami, a donde has ido con tanta frecuencia en estos últimos años con la "protegida" y bajo pretexto de que tenías que comprar maquinaria pesada de construcción. Esa "amiguita" en quien no puedes confiar ahora para refugiarte en su apartamento porque ¿quién te garantiza que la muy puta no te denuncie ahora para atraerse el favor de los nuevos gobernantes?; después de todo, ella abandonó al amante anterior cuando cayó en desgracia políticamente para arrimarse a ti, que eras quien surgía en aquellos momentos como el hombre de los grandes contactos con el régimen.

En otros tiempos fuiste un abogado de prestigio no sólo por tu inteligencia sino por vivir entonces enamorado de la profesión. Hasta ganaste el remoquete de "polilla" cuando estudiabas porque no había libro de derecho que no hubieras leído y releído. Te sabías de memoria todos los artículos del Código Civil, del Mercantil, del Penal, y hasta del Hipotecario. Desde Justiniano, pasando por las grandes figuras del "Diritto Penale" Ferrara, Saporito, Lombroso, hasta los filósofos del Derecho como Stammler y Duguit, te conocías las obras de todos los grandes jurisconsultos antiguos y modernos. ¡Con cuánto orgullo habías escuchado y discutido con el maestro Jiménez de Asúa cuando éste dictó una serie de conferencias en el antiguo edificio del Supremo! Pero ésos eran "altri tempori" cuando soñabas con la gloria de llegar a ser el mejor abogado del país; después esos ideales se habían tornado en una ambición insensata de hacerte de dinero y abandonaste la profesión por la más remunerativa de contratista de obras públicas protegido del dictador. Los provechosos contactos que hiciste jugando polo con los coroneles y otros militarotes te permitieron amasar una fortunita que ya casi rebasaba el millón.

Pero, ¡qué clase de papanatas había sido! Con casi doscientos mil dólares en bancos de Miami y Nueva York —y unos miles más en Suiza— bien podía haberse alejado de la escena habitual por unos días, haciendo mutis por el foro, como dicen en el teatro. Al igual que casi todo el mundo en la Habana, había escuchado la radio clandestina.

Además, los rumores de la calle y la evidente desmoralización en las altas esferas del gobierno y en el ejército mismo hacían inminente la caída de aquel ladronzuelo y sus compinches que desgobernaban desde hacía casi un lustro en beneficio de unos pocos, entre los que se encontraba él. Sin embargo, la madrugada cuando se enteró de la fatal noticia en la finca en que celebraba la llegada de un Nuevo Año un grupito de magnates le faltó el coraje de correr al exclusivo club náutico en que mantenía el rápido y poderoso crucero "Chris-Craft", con el cual podía fácilmente llegar a las costas de la Florida en una pocas horas, porque sabía que entre los marineros se contaban muchos simpatizantes de la "revolución". Temía que su aparición por allá al amanecer sería demasiado conspicua y despertaría sospechas de una evasión. En fin, le había faltado el valor para intentar escapar por esa vía.

La posibilidad de asilarte se frustró porque nadie contestó tus desesperadas llamadas de la finca y la suerte que habían corrido otros que habían intentado hacerlo te habían llenado de terror al escuchar la radio en el coche. Todas las puertas se te cerraron, y nadie se ofreció a ayudarte cuando lo necesitabas de veras. "Son todos unos cabrones y unos hijos de puta", pensaste, ya demasiado tarde en reconocerlo. En tu congoja, recordaste a la niñera de la infancia. Aquella leal mulata vieja que había servido en tu casa a tres generaciones. Ella era una mujer del pueblo, quién sabe si hasta simpatizante de los llamados rebeldes, pero el corazón te decía que a falta de una madre verdadera sólo en ella podrías encontrar la compasión y el amor maternos. Después de todo, casi lo había sido para ti desde que naciste. Aquella que te llamaba "el zoquete" por tu carácter orgulloso y soberbio pero que te quería como a un hijo, que no había podido tenerlos propios por su total y absoluta dedicación a la familia que la crio desde niña. Pocas mujeres en tu larga experiencia encontraste que fueran tan honradas y decentes como Cuca.

Lleno de pánico había tomado el cochecito Volkswagen en que había ido a la finca, dejando en la casa el enorme Cadillac El Dorado como si de esta manera engañara a su mujer y a sus hijas; ya que sabían que "la otra" no montaba más que en coches lujosos. El pretexto para salir aquella noche había sido una reunión de hombres solos para festejar los éxitos económicos del año que se acababa. La distancia de Arroyo Arenas a Buenavista no era muy larga pero por el camino halló coches en llamas quemados por la turba sedienta de violencia, camiones llenos de hombres sin afeitar que enarbolaban antiguas carabinas Mauser del ejército y machetes, e infinidad de curiosos parados en las esquinas para disfrutar del espectáculo gratuito de la hora de la revancha. En ocasión lo habían detenido dos jóvenes imberbes que se habían interpuesto en medio de la calle; pensó acelerar y tratar de continuar su carrera pero uno de ellos portaba una ametralladora de mano Thompson como las que solían llevar los coches patrulleros del depuesto régimen. El alma le había vuelto al cuerpo cuando los rapaces se dirigieron a él amablemente y casi con humildad le pidieron que los llevara a unas cuadras más adelante, donde se le daba caza a un "esbirro". Comprendió que el vehículo había sido su salvación, ¿quién iba a sospechar que un personaje importante rodara semejante automovilito?

Sintiéndote bastante seguro de ti mismo llegaste al destartalado solar en que vivía tu antigua nodriza. Atravesaste el largo patio interior y tocaste a la puerta de la humilde habitación. Antes de entrar notaste que la puerta de la accesoria contigua se entreabría dejando ver la figura de un hombre de rostro macilento y repugnante, en camiseta y con un enorme medallón de la Virgen de la Caridad del Cobre colgándole del cuello. Tenía aspecto de apuntador de "bolita" o de "manengue de barrio". La vieja te recibió con el cariño de siempre y un tanto sorprendida por aquella inesperada visita. —¿Qué haces aquí, mijito? Se te ve pálido y ojeroso. Tienes que alimentarte bien y tomar vitaminas, como yo te daba. ¿Te acuerdas? Enseguida te brindó una tacita del humeante café criollo que burbujeaba en su blanca cafetera sobre la minúscula hornilla de carbón. Ya a esa hora había tomado su baño matinal, vestía una alba bata de batista de algodón y tenía los moños recogidos en dos trenzas que las canas pintaban de gris. Te pareció todo aquello un cuadro de Cundo o de Carreño. De nuevo sentiste el cosquilleo nervioso en la espalda cuando escuchaste que la puerta de la derecha se abría hacia el pasillo y escuchaste breves pasos frente a la de tu nodriza, pero nadie tocó a ella.

La mulata vieja le tomó la mano como le hacía cuando era niño, le ordenó sentarse en un taburete pulido de limpio y le pidió que le contase por qué estaba tan agitado. El sintió que las lágrimas le iban a brotar cuando le explicó su angustiosa situación y la mujer conmovida lo abrazó asegurándole con esa ingenuidad de las almas buenas que no debería temer nada; que allí estaba completamente a salvo de cualquier peligro pues no se trataba con ningún vecino y nadie podría suponer que se refugiaba en la humilde casa de vecindad. Por primera vez en mucho tiempo gozó de una inefable sensación de bienestar, se-

mejante a la que sentía cuando los curas del colegio lo obligaban a confesarse, y estuvo a punto de llorar. Se tiró a dormitar en la modesta pero limpia cama mientras ella salía a comprar unos víveres para almorzar. Cuando se despertó, al cabo de unas dos horas, la vieja preparaba unos bistecs de palomilla en la hornilla aderezándolos con naranja agria y cebollita picadita. Se sobrecogió de terror cuando ésta le dijo que el vecino la había detenido en el pasillo preguntándole quién era el desconocido que había entrado en su cuarto por la mañana.
—Es un ahijado mío. Que aunque soy de color los tengo blancos también. Pero, ¿a Ud. qué le importa? Acaba de llegar de Oriente y me trae un recado de mi prima. Andese Ud. en sus cosas y tenga cuidado con la revolución, que parece que le va arrancar la cabeza a los banqueros de bolita ¿sabe?

Pegaste el oído a la pared intermedia y te diste cuenta de que el hombre hablaba con su mujer. Te pareció que discutía acaloradamente algo y el corazón te palpitó con violencia cuando distinguiste las palabras "denunciar" y "ahora mismo". Inmediatamente después se oyó un portazo seguido de una palabrota indecente.

Comenzaste a sudar copiosamente y después a sentir los escalofríos que produce el miedo. Sabías que el hombre había ido a denunciarte como vil soplón que era seguramente. Tal vez así se congraciaría con los del nuevo régimen para disimular sus actividades de chivato y corredor de bolita. Quizá en aquellos momentos ya venían a buscarte. Tratando de hallar una salida a tan desesperada situación se te ocurrió que, ahora que el hombre estaba afuera y la mujer todavía no había salido al patio, la viejecita podía pretender como que dejaba la habitación y se alejaba regañándote en voz alta. Era la única forma de engañar a los vecinos. Entonces la antigua niñera debería de mantenerse alejada del solar hasta el anochecer. Pero todo fue inútil, la estratagema no dio resultado. Apenas habían pasado quince minutos cuando se sintió rumor de pasos en el pasillo y la puerta retumbó con los golpes, primero de puños y después de la culata de un fusil, hasta que el diminuto pestillo metálico saltó con estrépito y te viste frente a frente con cuatro hombres armados.

Casi se sintió más tranquilo cuando lo conducían al cuartel provisional en un automóvil confiscado, con esa extraña calma que produce la certeza del destino inexorable, como cuando la fiera, después de revolverse furiosa, entra mansamente en la jaula que ha de ser su prisión. Por una trágica ironía la oficina de detención la habían ubicado en una lujosa residencia abandonada, a apenas unos metros de la embajada en que habían encontrado refugio su mujer e hijas.

En condiciones normales hubiera sabido defenderse magistralmente; después de todo en un tiempo ya remoto había sido considerado un excelente abogado defensor y sus primeras victorias en el foro las había ganado como criminalista, pero sabía que en aquellas circunstancias y entre un elemento hostil era contraproducente tratar de hacerlo. Podía haber alegado que jamás había delatado a ninguno de los llamados "revolucionarios". Por el contrario, en más de una ocasión había intercedido para que dejaran abandonar el territorio a algún infeliz acusado de "insurreccional" o "terrorista" porque una madre o una hermana —sobre todo si eran guapas— habían intercedido ante él. En el peor de los casos él podía ser considerado no más que un "bon vivant": se le conocía como un gran conocedor de caballos y de mujeres, y era jugador de polo y yatista. Hasta podía mencionar lo de los bonos, pero se daba cuenta de que en aquellos instantes todo esfuerzo por defenderse resultaba inútil y hasta perjudicial. Con evidente ignorancia de los procedimientos judiciales el jefe del tribunal y el que fungía de secretario habían comentado ante él: —"Hay que dar un escarmiento eliminando cuanto antes a estos contrarrevolucionarios": —"Así, es, camarada. Duro y a la cabeza"—, añadió el otro. Era aquél un individuo nervioso, escuálido, desmelenado y grotesco. Un odio feroz proyectaban sus ojos amarillentos. El otro también tenía aspecto de tísico y llevaba galones de teniente. A pesar de su raquítica figura daba fuertes pisotones en el suelo con unas botas de paracaidista que parecían quedarle holgadas. La ejecución tendría lugar la madrugada siguiente frente a la tapia de la mansión, le notificó el individuo sin apenas mirarle a la cara; y dos guardias que estaban de centinelas a la puerta lo escoltaron escaleras abajo hasta el sótano que servía de cárcel. No vio otros prisioneros pero le pareció que oía murmullos.

Quisiste rezar pero no podías y la única oración que te vino a la memoria fue la que de chiquitín te obligaba a rezar antes de acostarte tu buena niñera:

. . . .
A ti, celestial princesa,
te ofrezco desde este día
alma, vida y corazón.
Mírame con compasión,
no me dejes, Madre mía.

Inmediatamente después se desplomó dentro de ti el peso de una conciencia de haber obrado mal desde aquella infancia inocente hasta el presente. Por fuera una calma y una impasible frialdad te bañaron de serenidad. Poco importaba morir ahora, lo que te dolía era no saber más de los tuyos. En la penumbra del amanecer apenas si puedes distinguir los rostros de los ocho hombres que forman la escuadra de verdugos. Te dejas conducir sin resistencia hasta la tapia cubierta de hermosas buganvillas. Sus flores pequeñas y rojizas disimularán la sangre que ha de incrustarse en la pared con las balas homicidas. Una vez allí, el jefe del pelotón de fusilamiento se queda a solas contigo y saca un pañuelo para vendarte los ojos. En gesto de tranquilo desprecio le dices secamente: —"No es necesario... camarada". En ese instante te parece que el hombre se te acerca hasta rozar su cara con la tuya. En voz baja te dice: —"¿Es acaso Ud. el abogado Rodríguez de la Cerda?"—, y antes de contestarle afirmativamente sientes que esa voz no te es desconocida. Tiene un timbre conocido. Con brillantez increíble la memoria te retrotrae directamente, con exactitud fotográfica, al momento en que conociste a aquel hombre. Entonces eras abogado de oficio —en premio a tu brillante expediente universitario—, en una Audiencia de provincia. Te había tocado defender a un guajirito que en un incontrolable rapto de celos había matado a machetazos al amante de la mujer infiel y tú, haciendo alarde de destreza jurídica, obtuviste su absolución alegando locura instantánea y temporal. Toda la escena pasa por tu mente como un relámpago. Casi con su misma luz todo se recrea en el cerebro nítida, claramente. También como el trueno que lo sigue suena en tus oídos la voz del hombre que te dice como en sueños: —"Doctor, una vez me salvó usted la vida, ahora me corresponde a mí saldar esa deuda. Cuando escuche la orden de "Apunten", échese a correr y ¡que Dios lo proteja!

Casi te faltan fuerzas para hacer lo que te indica pero reaccionas automáticamente por instinto de preservación y corres como nunca lo has hecho mientras que el guajirito descarga su pistola íntegra contra sus hombres. Estos le responden en idéntica forma mientras se escuchan alaridos e imprecaciones de ambas partes.

Saltas una valla tan ágil como un venado y casi tropiezas por la acera con los soldados que custodian el exterior de la residencia de la embajada en que se alojan tu mujer y tus hijas. Debido a la confusión ocasionada por el tiroteo, logras entrar con relativa facilidad mientras los guardias discuten qué pasa en la calle. Al trasponer la puerta de entrada te encuentras de súbito con una mujer de cara triste y dos niñas que se acurrucan a su regazo. Caes postrado de hinojos ante ellas y lloran por largo tiempo abrazados los cuatro. Tú sientes por dentro un sentimiento que no experimentabas desde hacía muchos, muchos años.

Julio Matas

Carambola del 57

Merceditas Savón —la "reina del ritmo afrocubano", según rezaba el cartel a la entrada del *niteclub*— ensayó ante el espejo la mejor de sus sonrias, la que debaja ver el casquillo de oro sobre el primer molar superior izquierdo. En aquel momento, la orquesta atacó el redoble; Merceditas, con precisión mecánica, se anudó el pañuelo a la cintura, recogió la cola de su bata roja y abrió la puerta.
—Espérame en la barra —dijo al salir.
Chucho no se movió. Estaba repantigado en una butaca tapizada con un raso ya incoloro.
—Merceditas —gritó una voz chillona tras la puerta, minutos después.
—Está en la pista —dijo Chucho en tono cansado.
—No, allí no está —chilló la voz ansiosamente—, me dijeron que viniera a buscarla.
Chucho se levantó y avanzó hacia la puerta con paso tardo. Al abrirla, apareció la figura dueña de aquel timbre ambiguo. Era un negro carirredondo, de ojos húmedos y caderas descomunales. Chucho lo apartó ligeramente y salió. El negro lo siguió con muestras de agitación. Chucho se dirigió a la puerta trasera y bajó la escalerilla que conducía al patio, donde estaban los servicios; tocó a la puerta del de señoras.
—Merceditas —llamó pausadamente.
—Merceditas —chilló el negro con toda la fuerza de sus pulmones.
Al no recibir respuesta, Chucho abrió y se asomó. Seguido de cerca por el negro, caminó hasta el confín del patio y miró a un lado y otro de la calle. Iba a regresar al local, cuando divisó un bulto en la acera, al pie de un matorral. Se acercó, Era Merceditas. Tenía un tajo en el cuello, de oreja a oreja. Chucho sabía que ella jugaba sucio, pero no sospechaba que hubiera nadie tan loco por aquella mujer.
—Llama a la policía, Mamá Inés —dijo al negro—. Esta se viró.
Entonces sonaron los tres disparos a una cuadra de allí.

* * *

Ernestico saltó en la cama, se volvió al velador y miró la hora. Luisa se despertó de mala gana y carraspeó antes de hablar.
—¿Qué pasa? —preguntó a su marido.
—Me pareció oír tiros cerca.
—No es la primera vez. No sé cuántas veces habré de repetirte que tenemos que mudarnos. A los muchachos no les conviene estar tan cerca de esos cabarés de la playa.
—No es cosa fácil ahora. Tú lo sabes bien.
—Querer es poder, ¿no crees?
—Quizás... Bueno, mañana hablamos, negrita, ¿no te parece? Acuérdate que tengo que levantarme a las seis.
—¿Qué hora es?
—Las dos.
Luisa y Ernestico se volvieron cada uno para su lado y se durmieron en el acto.

* * *

A las dos menos cuarto de la mañana, Elenita Ferraz, la vecina del piso bajo, sintió un poco de debilidad, dejó el libro de *Sociología* del Profesor Agramonte abierto en la página 180 (le faltaban todavía dos capítulos) y fue a la cocina a saciar su apetito. Echó mano a un plato de migas de bonito que encontró en el refrigerador y se sirvió un vaso de leche. Cuando terminó de comer, fregó plato y vaso, se estiró sonoramente y regresó a la *Sociología*. Dentro de unos meses sería Doctora en Filosofía y Letras.

La Doctora Ferraz pronunció unas palabras muy sentidas en ocasión del fallecimiento del distinguido Profesor de Psicología y Sociología, Titular de dicha cátedra en la Universidad de La Habana, Doctor Roberto Agramonte. La Doctora Ferraz, Auxiliar de Cátedra, sustituirá en sus funciones de titular al Doctor Agramonte, posición que es de esperar desempeñe con el brillo que auguran sus méritos académicos... Cada vez que llegaba a esta parte de su fantasía, Elenita recordaba con alarma que aún no había "sacado" la asignatura del Doctor Agramonte. Entonces su larga quijada se hacía más larga, efecto de una contracción nerviosa frecuente en los últimos tiempos. Los tres disparos la acabaron de traer a la realidad. Al oír pasos en el jardín, se levantó sobresaltada. El timbre sonó con insistencia.
—¿Quién?
—Soy yo, Salaverría...
—¿Tú? ¿A esta hora?

Abreme, por favor.
Elenita abrió. Juan Salaverría era uno de sus compañeros de la Facultad. Venía pálido y acezante.
—Pero ¿qué te pasa?
—Estoy muy nervioso. Estaba celebrando con un grupo, Nenita, Carlos, Morel, en ese cabaretucho de aquí cerca donde estuvimos una vez... ¿te acuerdas?... y había salido al servicio, cuando vi una sombra que arrastraba un bulto al fondo del patio... sentí curiosidad y fui para allá... como se me perdieron de vista, cogí por la acera y al llegar a la esquina sentí un disparo... creo que la bala me pasó rozando... y eché a correr... después me tiraron dos veces más...
—¿A ti?
—¿A quién, si no?
—Todo es tan raro... ¿Y no viste a nadie?
—No, pero tengo la sensación de que me seguían —Salaverría se sentó contraído en un extremo del sofá.
—Te haré tilo —dijo Elenita— y de paso tomaré yo un poco. Ustedes ya acabaron, pero yo tengo el final de Sociología mañana...
—¿Oyes? —dijo Salaverría—. Alguien estaba junto a la puerta. Esta retumbó con dos fuertes golpes.
—¿Quién es? —preguntó Elenita con voz temblona.
—La policía —contestaron.
—Ya va... —Elenita se asomó por la mirilla—. Es un policía; tengo que abrirle. Eso es un alivio para ti, ¿no?
—Supongo que sí.
El policía buscó inmediatamente a Salaverría con la mirada. Tenía cara de infeliz.
—El joven tiene que venir conmigo.
—¿Por qué? —preguntó Salaverría alterado.
—Usted estaba cerca del "Vicky" hace un momento, ¿no?
—Sí...
—Yo lo vi pasar por la esquina. ¿Usted no oyó cuando le di el alto? Podía haberlo matado.
—Yo no estaba haciendo nada malo, se lo aseguro...
—Eso se verá. Por lo pronto tiene que venir conmigo.
—Si no queda otro remedio...
—Yo creo que es lo mejor que puedes hacer, Salaverría —dijo Elenita—. Tú verás cómo todo se aclara en seguida.

* * *

—Ernestico, Ernestico... —dijo Luisa, removiéndolo con fuerza.
—¿Qué quieres, c...?
—Oí unos golpes en la puerta de abajo... Tú sabes que esa muchacha está ahí sola. Asómate a ver.
—¿Y los viejos?
—Están para el campo, con la otra hija. Apúrate. —Ernestico fue a la ventana y miró.
—Es un policía. Sale con un muchacho.
—Seguro que estaba en *algo*.
—¿Quieres que baje a averiguar?
—No, hombre, no. ¿Es que quieres complicarte la vida?
—La cosa se está poniendo mala.
—Aquí lo que hay que hacer es no meterse en nada. Cualquier día cargan también con la de abajo. Ven para acá, no estés exhibiéndote ahí en la ventana.
—Mañana no va a haber quien me levante —dijo Ernestico en un bostezo.

* * *

El guardia llevó a Salaverría en un ómnibus a la novena estación.
—¿Qué ha hecho? —preguntó el sargento.
—Estaba rondando los servicios del "Vicky", en la playa de Marianao. Estamos instruidos de traer a estos sospechosos aquí...
—Yo no he hecho nada —protestó Salaverría.
—Tú te callas —dijo el sargento—. Nada bueno estarías haciendo. Vamos a ver qué dice el capitán. ¿Tienes identificación?
Salaverría le entregó el carnet universitario.
—Estudiante, ¿eh? —dijo el sargento con una mueca burlona, examinando el carnet.
Salaverría comprendió el cariz que podía tomar el asunto. Miró al policía y creyó leer en sus ojos cierta compasión. Sintió deseos de ponerse de rodillas e implorar clemencia.
—Bueno, sargento, lo dejo en buenas manos; hasta la vista —dijo el policía.
—Abur. Tú eres de la trece, ¿no?
Sí, León Martínez, para servirle.

* * *

Elenita Ferraz tuvo que apoyarse en la verja de la casa junto a la parada del ómnibus. Esta vez era un verdadero vahído. Afortunadamente, hoy terminarían sus angustias, prolongadas un mes por el consejo médico que la obligó a reposar durante la primera convocatoria de exámenes. Entre el nerviosismo del examen y el lío de Salaverría, no había podido pegar un ojo. Ya en el ómnibus, intentó abrir el libro para repasar algunos puntos, pero le faltaba el ánimo; entonces se dedicó a observar a sus compañeros de viaje. En el asiento próximo al del chofer descubrió a una amiga de su madre que vivía en el barrio. La señora le hizo un saludo, al que ella respondió. Junto a la señora viajaba un policía, quien, al notar que las mujeres se saludaban, se puso en pie e hizo una seña a Elena, cediéndole su asiento. Esta se trasladó y, al pasar, dio las gracias al policía, que iba a ocupar el que ella dejaba. La cara le pareció conocida y volvió a mirarlo tras cambiar algunas frases con la señora. Si no lo era, se parecía mucho al guardia que había estado en su casa hacía unas horas. Estuvo tentada de acercársele y preguntarle por Salaverría, pero no estaba segura y la cosa resultaría de cualquier modo comprometedora. El policía bajó con ella en la Universidad. Al salir del examen, Elena lo vio al pie de la escalinata y empezó a sentirse incómoda. Fue a la esquina de Infanta a tomar el ómnibus rumbo al centro, pues necesitaba despejarse, curiosear por las tiendas . . . Almorzaría por ahí y después se llegaría a la casa de huéspedes donde vivía Salaverría para enterarse de cómo le había ido. ¿Estaría detenido todavía? ¿Por eso la seguía el guardia? Al apearse en Galiano y San Rafael, lo vio de nuevo. Cruzó la calle y entró en "El Encanto". Cerca del departamento de perfumería, se volvió: había entrado en la tienda también, evidentemente tras ella. El estómago le dio un vuelco y sintió deseos de vomitar. Se dirigió al servicio. Todo sucedió en menos de un minuto. Elena estaba inclinada sobre el lavabo, echándose agua en la cara, cuando oyó el ruido de la puerta. Al alzar la cabeza para mirar por el espejo, vio al policía. No tuvo tiempo de nada. Recibió un solo disparo, a boca de jarro.

* * *

—Luisa, deja eso y ven acá, que te traigo algo gordo —dijo Ernestico al entrar.
—¿Qué cosa? —Luisa se asomó a la puerta de la cocina.
—Deja lo que estás haciendo y siéntate.
—Estoy friendo los plátanos. ¿Qué cosa es?
—Bueno, te lo leeré en voz alta.
—Okey.

—"En la mañana de hoy, en 'El Encanto', tuvo lugar otro atentado terrorista, por fortuna descubierto antes de que ocurrieran mayores daños. Alrededor de las diez y treinta, el agente León Martínez, de la decimotercera estación, al seguir a una mujer sospechosa hasta los servicios del elegante comercio de Galiano y San Rafael, la halló en el acto de poner un petardo cerca de los lavabos. La mujer, identificada como Elena Ferraz Arango, de 23 años, soltera, estudiante, vecina de 96 y Novena, en Marianao, intentó atacar al agente Martínez con una pistola calibre 45 que guardaba en su cartera, por lo que el mismo se vio obligado a disparar el arma de reglamento. La joven Ferraz recibió un solo balazo en la cabeza, de fatales consecuencias. Tenemos que agradecer una vez más a nuestras bien organizadas fuerzas policíacas, su atinada intervención para prevenir la comisión de actos terroristas como los perpetrados dos meses atrás en distintos comercios y centros de diversión de esta capital''.

Luisa se había ido acercando. Terminada la lectura, tomó el periódico y se quedó contemplando la foto del agente León Martínez que encabezaba el suelto.

—Yo lo había pronosticado —dijo con aire sibilino.

* * *

Martínez reportó su salida en la estación a las cinco y media. Había sido un día agitado: levantamiento de autos, dificultado por la falta de pruebas, e informe extraordinario, más bien memorial de servicios para excusar su exceso de celo. Y llevaba veinticuatro horas sin dormir. Una hora más tarde, entraba en la novena.

—Hola, sargento.
—Qué hubo. Enhorabuena. Así es como hay que acabar con éstos.
—Gracias. ¿Cómo anda el que le traje anoche?
—Frío. Cogió al capitán de malas. Se le metió en remojo y no decía nada ... Esta mañana vino a buscarlo una influencia de la familia y parece que quedó en el camino.
—Vaya. Entonces, ¿no habló?
—Estos cabrones a veces se dejan matar antes que soltar prenda.
—Bueno ... Nada más quería saber si se había averiguado algo. Como yo lo traje ... Hasta la vista, sargento.
—Abur, Martínez.

Martínez echó a andar lentamente. Se sentía extenuado, pero al mismo tiempo tan ligero que le parecía que no tocaba el pavimento. En Belascoaín y Neptuno entró en una barra y pidió un sandwich y una cerveza. No atinaba a pensar en nada. Después subió por Neptuno hasta su cuarto, en una casa de huéspedes de la calle Aramburu. Lo primero que vio al encender la lámpara, fue la estampa de la Virgen de la Caridad, regalo de Merceditas, bajo el cristal del velador. Prendió un cigarro y se tendió en la cama. Un momento tuvo delante la sonrisa de Merceditas, con su relumbre dorado, que lo había seducido hacía tres meses en un ómnibus de la ruta de la playa; pero a esta imagen se superimpuso la expresión de sorpresa de aquélla, la noche anterior, cuando él le hizo señas desde la puerta que daba al patio del *niteclub*. Jamás sería descubierto. En el *niteclub* nadie lo conocía, pues aunque estaba en la zona de su ronda, la vigilancia del lugar correspondía a la patrulla. Había estado allí dos o tres veces, sin que Merceditas lo supiera, muy poco rato y solamente en la barra. Por su gusto hubiera ido más a menudo, pero era contravenir el reglamento ... Ahora esta circunstancia estaba a su favor. Por otra parte, sus relaciones con Merceditas no habían pasado de la casa de citas (la marca que la muy ... tenía en el cuerpo la última vez, le había puesto la tapa al frasco). Todo había salido conforme a lo calculado, excepto por aquellos imprevistos de última hora. Había entrado al patio por la parte de atrás poco antes de empezar el *show*, cuando era seguro que nadie andaría por los servicios, como así fue. Merceditas se había sorprendido al verlo, pero él le impuso silencio con un gesto. Lo demás había sido coser y cantar. Le tapó la boca y la llevó casi a rastras hacia el fondo de los retretes. La navaja pareció deslizarse sola. Primero pensó llevar el cuerpo hasta la otra cuadra —la oscuridad era absoluta y la calle estaba desierta— para que la búsqueda se hiciera más difícil y tener tiempo de alejarse de allí ... al sentir pasos, dejó el cuerpo entre los matorrales y corrió a esconderse tras unos latones de basura, en la esquina. Desde su escondite vio pasar al sujeto calle arriba. El expediente más práctico era eliminarlo, pues por experiencia conocía los resultados del interrogatorio, inclusive con los testigos más miopes. Disparó y el tipo echó a correr. Tiró otras dos veces, corriendo en su seguimiento. Lo vio entrar en una casa. Entonces le vino la feliz idea ... De la muchacha se olvidó en un principio, pero más tarde empezó a preocuparle lo que el otro pudiera haberle dicho ... En resumidas cuentas, era mejor así ...

—Te lo había advertido, que al próximo paso en falso, te la pelaba, y a todo el que se pusiera por delante —murmuró cerrando los ojos.

Humberto J. Peña

... Y pasó en un bar

Este es mi segundo trago y no acaba de llegar, siempre nos hemos encontrado en este mismo bar y siempre ha llegado antes de mí. ¿Qué le habrá pasado? Puede haber sido cualquier cosa; el puente abierto, una interrupción cualquiera del tránsito, un choque. No, eso es imposible, es tan bonita que no podría pasarle eso, aunque, ¿cuántas muchachas bonitas habrán muerto en accidentes? Sí, pero a ésta la conozco yo y me parece imposible. No, no puede ser. Será cualquier bobería. Además yo no tengo nada que hacer y cuando ella llegue se me olvidará todo esto que estoy pasando. No sólo esto que estoy pasando, sino que me olvidaré de todo. Ella tiene esa facultad de hacerme olvidar de todo lo que me rodea, inclusive de lo que más allegado a mí está.

—Waiter, another drink, please —el tercero y ella sigue sin llegar. Es curioso cómo en los bares el tiempo se mide por tragos y no por horas y minutos. Azul, uno; amarillo, dos. Mira que la puerta tiene cristalitos, por ahí entrará ella, ¿qué color será ése que no es ni azul, ni amarillo, ni verde y, sin embargo, es una mezcla de los tres? De todas maneras ése es el tercero; el cuarto, otra vez azul; el azul siempre impera; ¿y si me dejara plantado? No, imposible, nunca lo ha hecho y estoy seguro que no lo hará. Ella, no; además nos necesitamos tanto el uno al otro. Quizá sea la primera mujer que yo haya visto verdaderamente enamorada de mí, pero cómo me imaginaba que era el amor cuando tenía quince años, y venir a pasarme esto con una alemana y a los cuarenta años, ¡sí que manda cojones! Si no hubiera ido esa noche allá no la hubiera conocido; ahora no tendría esta preocupación, pero tampoco conocería esta felicidad que me ahoga; y pensar que no iba a ir, porque ya había ido a dos antes y habían sido tremendos paquetes, pero mi esposa insistió, que si el jefe de ella y los compañeros de trabajo, que ella era la única cubana que trabajaba allí, y que qué pensarían los yanquis, que sólo era una vez al baño, que total comíamos gratis y después bailábamos algo y ya cumplíamos, que qué trabajo me costaba, que hasta la "baby sitter" era gratis, que era mi sobrina. Tanto me dio que decidí ir; era un hotel grande de la playa. Esa noche habían cerrado el comedor para el público, era sólo para nosotros; los tragos, gratis. Todas la mesas estaban servidas para cuatro personas, fuimos conducidos por un camarero a una mesa en la que ya había otra pareja sentada, pero no estaban allí, lo supimos por la cartera de ella y por los cigarros de él, los habían dejado para indicar que los puestos estaban ocupados. Pensé que estarían bailando, o en el baño, claro en distinto baño. "¿Quiénes serán?" me dijo mi esposa. "¡Ojalá sea alguien agradable!, si no, nos echan a perder la noche". "¿Quién será el empleado, él o ella?", y así, haciéndome preguntas que sabía que no podía responderle, pasamos el tiempo hasta que llegó el camarero. Sólo entonces nos dimos cuenta que no habíamos pensado en lo que íbamos a pedir. Nos preguntamos, leímos el menú, preguntamos al camarero.

—Mira, Nancy Woodman, my husband —me paré—. For me it's a pleasure. —My husband—. How do you do. —Yo prefiero langostinos, pido langostinos. Mi esposa no prefiere langostinos, pero pide langostinos. ¿Vino? ¿Cuál? Hubo distintas opiniones. Nancy quería un vino del Rin, su esposo uno de California y nosotros uno agrio. Dejamos que el camarero decidiera. Entonces contamos lo de Martí y se rieron. Les gustó. Ella se interesó por la figura de él, le conté. Por primera vez me fijé en ella. Era rubia, bonita, de ojos pardos y grandes, el pelo muy corto. El quinto es rojo, ¡con lo que significaba este color para mí antes!: El triángulo de la bandera, el gorro frigio, la sangre de los héroes; ahora significa mentira, destrucción, hija putada. No hay ideas absolutas ni permanentes, siempre uno varía Por ese color tuvimos que salir de allá, mañana hace cuatro años. Cuatro años, es inconcebible, y salí sólo por seis meses. Pero ya todo marcha bien, pronto regresaremos, dentro de una semana me embarco para un campamento. Ya tenemos suficientes hombres y armamentos. Se la hemos hecho bien a los yanquis, no saben nada. Hemos embarcado los hombres y las armas para el campamento, sin que ellos se den cuenta, y no acaba de llegar. Siempre nos sentamos en esta misma mesa, desde nuestra primera cita, ella llegó primero, estuvimos hablando de muchas cosas, fue cuando me contó su odio al comunismo, la pobre, ¡cómo la habían hecho sufrir! Sola a la edad de doce años, me dijo que el padre, la madre y ella habían tratado de escapar de Alemania Oriental y que habían sido descubiertos y tiroteados, empezaron a correr y cuando llegó a la frontera de Alemania Occidental miró para atrás buscando a sus padres, y los vio en el suelo, quiso correr adonde estaban ellos, pero no la dejaron, me dijo que luego sufrió mucho, que por muchos años soñó con los cuerpos de sus padres allá en la tierra y que en los días de salida del colegio, en donde estaba, siempre se pasaba largo rato en la frontera, mirando el lugar en que habían caído, luego, poco a poco, todo se le fue borrando y terminó por no poder determinar el lugar en que habían caído sus padres, ni tan siquiera por dónde había corrido ella. Pero lo que sí no podía olvidar, me dijo ella, era el odio hasta el infinito que sintió y siente por los guardias de frontera y por la idea que ellos representaban. Recuerdo que esto me gustó, por lo menos el odio hacía algo bueno, nos unía. Ya se me acabó el trago pero no voy a tomar más, porque cuando ella llegue tendré que tomar con ella y ya serían muchos tragos, y a lo mejor puedo ir al apartamento de ella, como la segunda vez en que nos citamos aquí, nos pusimos a conversar y a conversar y a tomar y a tomar y me miraba de una manera tan linda que le pasé el brazo por los hombros. ¿Fue el derecho o el izquierdo? Fue el derecho, recuerdo bien que estaba sentada aquí, en esta silla, pero no, porque yo siempre me siento a la derecha de las mujeres con quienes salgo, bueno, no siempre, sino desde que se me partió el brazo derecho, estuvo como dos meses enyesado y luego me quedé con esa manía, entonces fue el brazo izquierdo, y le toqué la mejilla izquierda de ella y ella apresó mi mano entre su cara y su hombro, entonces le enderecé la cara e iba a besarla en la cara primero para después besarla en la boca, pero ella buscó mi boca y nos besamos, ¡y qué clase de beso!, me recordó la canción "Besos Salvajes", después, cuando pude hablar, le dije que ella me gustaba y ella me dijo que yo le gustaba, bueno mutuamente nos gustábamos. Me dijo que yo le gustaba mucho y qué es lo que yo pensaba de ella, que ella no quería que yo tuviera una opinión mala de ella. Le dije que yo podía opinar de ella lo mismo que ella podía opinar de mí; me dijo que sí, pero que yo era hombre y que ella nunca, hasta ahora, había sentido amor por nadie, que si no había notado que su esposo era muy viejo para ella, pero que cuando tenía diecisiete años, él era un oficial de la Fuerza Aérea de los Estados Unidos, radicado en Alemania, la enamoró y al principio no le hizo caso, pero luego pensó que a lo mejor pasaba el tiempo y nadie le decía nunca nada y además éste ganaba un buen sueldo y ¡lucía tan bien en uniforme!, pero ahora se da cuenta que le lleva 20 años, que yo debía comprenderla y no juzgarla. Yo no juzgo a nadie, quién soy yo para juzgar a alguien. Ella tenía puesto ese día el mismo vestido que llevaba la noche que la conocí. Mi esposa me dijo que sólo llevaba quince días en el banco y que desde el primer día habían simpatizado mucho. Ella nos invitó a comer en su casa y esa noche nos puso cantidad de música cubana; me dijo que le enseñara a bailar ritmos cubanos y bailamos dos o tres boleros y bailando noté que ella, o quise notar, no sé, que ella quería algo conmigo. Luego empezó a visitarnos hasta que una noche la invité a venir aquí y fue nuestra primera cita. Me dijo que siempre le había interesado el problema de los cubanos por haber ella pasado lo mismo, pero que desde que me conocía y sentía por mí lo que sentía quería saber todo y ayudar en lo que pudiera; se debía empezar, dijo, por liberar a Cuba, no, no, lo que me dijo fue que todos los anticomunistas debían unirse para liberar a Cuba y así destruir eso que se decía que ningún pais comunista se había liberado, y después de Cuba seguir con Alemania Oriental, eso me gustó mucho, pero lo que no me gustó fue lo que me dijo después, cada vez que lo pienso me erizo, ¡mira que las mujeres...!, me dijo que sabía que yo estaba en algo, que mi esposa..., y eso que mi esposa dice que no comenta nada de lo mío con nadie. Yo me reí y no dije nada, pero me gustó que ella lo supiera, porque sabía que ella pensaba como yo. El otro cristalito es carmelita y es el sexto, verdad que estoy asustado, no sé si esto con la alemana perdurará o terminará, sé que hay que solucionarlo de una manera o de otra, ya llevamos tres meses en esta bobería, pero, ¿por qué se tiene que acabar?, no necesariamente se tiene que acabar, en ese tiempo me he compenetrado tanto con ella, ¡ella me comprende tanto!, no tengo secretos para ella, me cuenta también todo lo suyo, sus esperanzas, sus disgustos con el cabrón de su marido, que la tiene sólo para satisfacerse una vez al mes y el resto del tiempo ni la mira, la pobre, esto sí tiene que cambiar, ella se merece mejor suerte, ¿y cómo se puede cambiar?; algunas veces pienso si mi esposa se lo habrá contado a alguna otra persona, creo que no; aunque ella no sabe mucho, sabe lo suficiente para joderlo todo. —O.K., if you insist, bring me another one, please—. Cuando termine éste, me voy. El otro cristalito es negro y es el séptimo, rojo y negro eran los colores del 26, comunismo y muerte, ¿cómo no me di cuenta? ¿Qué color será el vigesimosexto cristalito? Creo que no hay 26 cristalitos. Entre el comedor y la sala tiene como un parabán de cristalitos, si me lo hubiera dicho habría pensado que era una pecera, pero al verlo me gustó y más me gustó cuando ella salió desnuda detrás de él. Tiene un cuerpo tremendo, ojalá pueda ir al apartamento de ella hoy. —Thank you. No, it looks like she is not coming today. Maybe she has called and they didn't give the message. I'd be grateful—. He sido un tonto, a lo mejor se ha complicado con el nuevo trabajo, iba a verlo hoy. Mi esposa me dijo ayer que ella había renunciado sin dar ninguna razón. Yo la llamé por la noche, cuando fui a comprar el periódico en el "Seven Eleven" y me dijo que hoy me explicaría. Yo, que la conozco tan bien, me juego los cojones que ella dejó el trabajo para separarse de mi esposa, pues últimamente siempre me decía que cada vez que hablaba con ella se sentía culpable y que le tenía mucha lástima. Yo la comprendo porque a mí me pasa lo mismo cada vez que veo a su marido, claro que no le tengo lástima, pero no me gusta hablar con él. Me siento incómodo delante de él. Siempre que sea para bien de ella, no importa, lo malo que ella se perjudique. —¿No? O.K. Thank you—. No ha llamado. ¡Qué carajo le importará al camarero si ella viene o no viene!, pero bueno, me hizo el favor de averiguar si había llamado. Sí, eso, la llamaré cuando termine el trago y si sale una voz de hombre, cuelgo; imposible, cómo va a poder pensar él que soy yo, seguramente piensa que es un equivocado o que se cayó la comunicación. Pero prolongaré el trago porque todavía es posible que ella llegue, seguro que el nuevo trabajo, el nuevo jefe, siempre uno se complica. El otro cristalito, el octavo, será el octavo, déjame ver, uno, dos, tres . . . , sí, es el octavo y es anaranjado, color naranja, la naranja es sabrosa, mañana voy a tomar un jugo de naranja, hace tiempo que no lo tomo. Qué poca gente viene a este bar, debe ser por la hora, ahora entra un hombre y es el decimotercero en toda la tarde. Me recuerda cuando era chiquito y me enfermaba del estómago, siempre me lo daban, pero ahora me gusta, al igual que la calabaza, ahora me gusta. Uno va cambiando en todo, ¿en todo o en algunas cosas? Es un misterio cómo se va cambiando también la piel, me han salido pelos en donde antes no tenía y se me han caído en donde los tenía; los ojos se le van achicando a uno, ahora me tengo que cortar los pelos que me salen en la oreja, antes no tenía que preocuparme de eso. Bueno, ahora la llamo y me voy, la veré mañana. Me mostraré molesto, disgustado, trataré de mantenerme así como por media hora y ella tratará de contentarme y me mimará como ella sólo sabe hacerlo y tendré que emplear mucha fuerza de voluntad para no ceder antes de la media hora; ¿y ese ruido?, ¡oh!, es el piano, luce que no pesa nada, pero, sin embargo, necesitan tres hombres para correrlo y otros dos preparan el decorado, ya están preparando todo para el "show" y luego quitarán todo para prepararlo para por la tarde, ¡esta tediosa inactividad activa de los yanquis! Ese negro parece que está disfrazado, un saco verde, un pantalón rojo, una camisa amarilla y el lacito blanco. Verdad que toca bien, pero está muy gordo, y canta bien también. Le tiemblan las nalgas cuando canta. —Waiter, where is the telephone? —Thank you.

Siiieetee, ciiincoo, siiieetee, ¡oh!, salió el real. Ahora sí, un timbrazo, sentí algo raro, no fue idea, el segundo timbrazo. Descolgaron, ¿quién contestará? "I am sorry the number you have dialed is not in service at this time, if you need assistance, please stay on the line and an operator will answer. This is a recording". No puede ser, habré lla-

mado mal. Déjame colgar y volver a llamar. Ahora sí, seguro que estaba equivocado, un timbrazo, ¡oh!, el mismo ruidito, es idea. "I am sorry the number you have dialed is not in service at this time if you need assistance please stay on the line and an operator will answer. This is a recording". ¡Coño!, qué dolor de estómago me ha dado. Esperaré a la operadora.
—Ma'am, I am calling 757-9874.
—Sir, that number has been disconnected.
—Ma'am, can you tell me if they have changed the number or if it is only disconnected?
—Just a moment sir, I'll check again. Sir, I do not have any record of a new number. That number has been disconnected.
—Thank you. —Ahora me duele más la barriga. Será por los tragos, siempre me afectan cuando tomo mucho, aunque hoy no he tomado tanto. Estarán en mala situación económica y ella no me ha dicho nada, siempre me ha dicho que el esposo gana muy buen sueldo y que por eso dejó la aviación y se fue con la compañía con la que trabaja. Me duele la barriga, voy al baño; no, pa qué, si no tengo ganas, no es por eso. Ahora pasaré por su casa, no debo de ofuscarme, han sido dos o tres coincidencias raras, nada más. Debe haber una explicación. Contra, qué golpe me acabo de dar con la punta de esa mesa, ahora me saldrá un morado. Es más de lo que calculaba, pero le dejaré una buena propina por haber averiguado si me habían llamado. La música está muy alta, debían de arreglar eso.

La atmósfera aquí es distinta, es más pura, allá adentro el ambiente está viciado. Ahora cogeré el automóvil y pasaré por su casa con cualquier excusa, la pensaré en el camino. Déjame comprar el periódico ahí y así no tengo que ir luego al "Seven Eleven". Otro avión secuestrado, destino Cuba, ¿y esta fotografía de tantas armas capturadas? Perdón señora, se parece a las fotografías del tiempo de Batista, el pie de la fotografía nunca tiene importancia, déjame buscar la noticia. Aquí, en letras grandes: "Descubierto campamento. Cientos de cubanos adiestrándose, millones de pesos en armas capturadas. Hábil labor de mujer del FBI infiltrada".

José Sánchez-Boudy

La virtud

I

Siempre he tenido una gran virtud y un gran vicio. Este ha sido el odiar a los hombres sin imaginación. Una gran virtud: la de indagar en las cuestiones del hombre. He odiado a ésos que dicen que para perder a un amigo basta hacerle un favor. Eso es falta de imaginación. Los amigos se pierden cuando se hace un favor definitivo, que los independiza de nuestra tutela. No, cuando con pequeños favores se les demuestra nuestro poder y siguen, a pesar de su envidia y reconcomio, siendo dependientes nuestros. En esta última forma los tendremos siempre de perros falderos.
¿De las indagaciones en los cuentos del hombre? Cuento una historia.

II

Yo era un buen amigo de él. Jugábamos al fútbol en aquel aparatico mecánico, en aquella población verdosa y aburrida. El era capitán del ejército. Entre el tirar del balón en el aparatico mecánico y tomar unas cervezas contaba cosas de su familia:
—Nada lo resolvemos sin que mamá diga la última palabra. Somos chapados a la antigua.
Lloraba también, algunos días, enseñando el retrato de su mujer que había dado a luz una hermosa niña muerta y había fallecido en el parto.
El era de un carácter tranquilo y servicial. Oficinista en el regimiento. Un abogado, con el que yo tomaba cervezas y era visita, por sus quehaceres del cuartel, me decía: "hasta nos trae el café y el tabaco. Le damos una peseta y cruza la calle. Y sin humillaciones".
El capitán y yo jugábamos al fútbol en aquel sucio café. Siempre me repetía lo mismo: "hoy escribí a mamá para que me aconsejara".

Cuando se partió la vieja —cuando se puso el chaquetón de pino tea, como me dijo un guasón—, el capitán lloraba desconsolado.

III

El ruido me despertó. La gente iba rápido. La patrona me tocó en la habitación:
—¿No sabes la noticia?
—No.
—Su amigo el capitán. Digo, el general, es el jefe.
Había dado un golpe de estado incruento, sin ruido, tal como él era.
Me fui al cuartel, edificio encalado que dominaba al pueblo. Comerciantes, políticos, el cura y hasta el dueño del café donde jugábamos, que jamás fio una cerveza al capitán, estaban junto a la posta de entrada. El dueño del café me gritó jubiloso:
—El amigo. Llegó nuestro amigo.
El soldado hierático de la portada me sonrió y dejó pasar. Jamás me había dirigido la palabra. Pero todos los días me veía en el café con el capitán.
Cuando llegué al capitán lo rodeaban clases y otros. Leía un manifiesto pomposo. Y lo rubricó mirándome: "al que se subleve lo fusilo por la espalda y no camina más".

IV

Cuando tomábamos café me cogió por el brazo con cariño: "Pepito. Si mamá me hubiera visto . . ." Enjugó una lágrima.
Me miró sonriendo. ¡Cambiaba tan rápido de la tristeza a la alegría!: "Pepito. Lo que mejor me ha quedado es la última parte del discurso. ¿No te ha gustado la última frase: al que se subleve lo fusilo por la espalda. No camina más?" Y su rostro adquirió una expresión feroz. Y yo tuve miedo.
Volvió a sonreír: "Pepito. Mañana no. Pero te llamo pronto. Tenemos que terminar el último partido".
El dueño del bodegón no le dejó terminar la frase. La había oído desde la puerta donde esperaba al jefe, como ahora le decían al capitán. Le trajo, en los hombros, la maquinita. Yo me fui. Por el camino

sentí ganas de vomitar. Había desayunado muy nervioso y hacía mucho calor . . .

V

La juventud del Lyceum empezó a conspirar para retornar al ritmo constitucional. Se repartieron los puestos del Estado. Juraron morir por la libertad. Pero uno de ellos no arriesgó la cabeza y se hizo dueño del ministerio delatando la conspiración.
El día del arresto, por la tarde, me llamó el capitán a quien yo llamaba, como es natural, jefe. Me abrazó efusivamente y me señaló para la maquinita y las cervezas. Empezamos a jugar.
Yo lo felicité por haber descubierto a los que subvertían el orden público. El jefe me miró lúgubre. "Los fusilé por la espalda. No caminan más".

VI

Efectivamente. Los había fusilado por la espalda. Un tiro en la médula. Algunos murieron. Otros sanaron después de largo tratamiento y quedaron paralíticos. El general los entregó a la familia. La última vez, antes de partir, que tomé cerveza con él, me decía: "Pepito. Estoy haciendo un gran gobierno. Duermo donde siempre. Hay que predicar con el ejemplo. Hay que predicar con el ejemplo". Y se rascó las espaldas.

Los autores

EMILIO BEJEL nació en Manzanillo, Cuba, el 21 de febrero de 1944. Desde 1962 reside en los Estados Unidos. Actualmente es profesor de la Universidad de la Florida en Gainesville. Ha publicado dos libros de historia y crítica literaria: *Buero Vallejo: lo moral, lo social y lo metafísico* (Montevideo: Instituto de Estudios Superiores, 1972) y *Literatura de Nuestra América* (Xalapa, Veracruz: Centro de Investigaciones Lingüístico-Literarias de la Universidad Veracruzana, 1983). Su obra poética incluye: *Del aire y la piedra* (Madrid: Editorial Internacional, 1974), *Ese viaje único* (Nueva York: Unida, 1977), *Direcciones y paraísos* (Nueva York: Unida, 1977) y *Huellas/Footprints* (Maryland: Hispamérica, 1983).

MANUEL CACHAN ejerce como trabajador social en Miami, Florida. Nació en Marianao, La Habana, Cuba el 11 de julio de 1942. Salió de Cuba para España en 1961. Reside en España hasta 1964, año en que llega a los Estados Unidos. Su producción cuentística incluye los *Cuentos Políticos* (New York: Col. Mensaje, 1971) y los *Cuentos de aquí y de allá* (Miami: Universal, 1977). Entre 1980 y 1982 ha publicado más de veinte artículos en el *Miami Herald*.

LOURDES CASAL nació en La Habana, Cuba, el 5 de abril de 1938 y murió también allí el 1 de febrero de 1981. En 1961 llegó a los Estados Unidos y ejerció como profesora de Psicología en Brooklyn College, Nueva York, y en Rutgers University, New Jersey. Fue miembro fundador de la revista *Areíto,* del Círculo de Cultura Cubana y del Instituto de Estudios Cubanos. Escribió numerosos artículos y ensayos sobre la revolución cubana y los cubanos en los Estados Unidos. Es la autora de *Los fundadores: Alfonso y otros cuentos* (Miami: Universal, 1973) y *Palabras juntan revolución* (La Habana: Casa de las Américas, 1981).

ANGEL A. CASTRO reside en la ciudad de North Miami Beach donde ejerce como contador público. Nació en Bolondrón, Matanzas, Cuba el 1ero de agosto de 1930. Se graduó de Contador Público y Abogado en la Universidad de La Habana. Llegó a los Estados Unidos en diciembre de 1961. El destierro lo lleva a dedicarse por un tiempo a la enseñanza del español en diversas universidades y al quehacer literario. Es autor de una novela corta titulada *Refugiados* (Zaragoza: Cometa); tres libros de cuentos: *Cuentos del exilio* (New York: Lectorum), *Cuentos de Nueva York* (Miami: Universal) y *Cuentos yanquis* (Miami: Universal); y un libro de poesía publicado en España: *Poemas del destierro* (Zaragoza: Cometa).

UVA A. CLAVIJO ha publicado cientos de artículos, ensayos, cuentos y poemas en periódicos y revistas en Cuba, Estados Unidos, América Latina y Europa. Nació en La Habana, Cuba, el 11 de julio de 1944 y llegó a los Estados Unidos en 1959. Actualmente vive en Miami y se describe a sí misma como "escritora-estudiante-profesora-traductora". Desde 1971 ha publicado dos libros de cuentos: *Eternidad* (Madrid: Plaza Mayor, 1971) y *Ni verdad ni mentira y otros cuentos* (Miami: Universal, 1977); y dos poemarios: *Versos de exilio* (Miami: Edición Aniversario, 1976) y *Entresemáforos (poemas escritos en ruta)* (Miami: Universal, 1981). Ha ganado premios literarios en La Habana, Miami, Nueva York y París.

JOSE CORRALES es oficinista en Nueva York. Nació en Guanabacoa, La Habana, Cuba, el 20 de octubre de 1937. Llegó a los Estados Unidos en 1965. Es autor de dos poemarios: *Razones y amarguras. Poemas del que llega a los 40* (Hoboken, New Jersey: Ed. Contra Viento y Marea, 1978) y *Los Trabajos de Gerión* (Barcelona: Ed. Rondas, 1980). Además de cultivar la poesía es autor de varias obras dramáticas: *Faramalla* (1972), *El espíritu de Navidad* (1974), *Spics, spics, gringos y grancejo* (1976) y *Juana Machete, la muerte en bicicleta* (1978). Es además actor y ha dirigido varias obras teatrales.

ROBERTO G. FERNANDEZ nació en Sagua La Grande, Cuba, en septiembre de 1950. Llegó a los Estados Unidos en 1961 y actualmente vive en Tallahassee, Florida donde ejerce como profesor. Sus cuentos han aparecido en varias antologías de literatura cubana e hispánica. Además, es autor de *Cuentos sin rumbos* (Miami: Universal, 1975) y de una novela corta: *La vida es un special* (Miami: Universal, 1982).

RAIMUNDO FERNANDEZ BONILLA nació en Guantánamo, Cuba, en 1931. Desde 1961 reside en los Estados Unidos, actualmente en la ciudad de Nueva York. Sus poemarios publicados en Cuba se titulan: *Corsarios viales, Espada y vitral* y *La muerte del hombre*. *Hermas viales* (Nueva York: Ediciones Exilio, 1972) agrupa poesías que ya habían sido publicadas, además de varias inéditas hasta ese momento.

IGNACIO R.M. GALBIS es profesor de español y literatura en la Universidad de Southern California. Nació el 13 de mayo de 1931 en La Habana, Cuba. Reside en los Estados Unidos desde 1961 con la excepción de períodos de corta estancia en España y Francia. Su obra de crítica literaria es más extensa que su obra creativa. Entre los ensayos de crítica literaria encontramos: *Unamuno: tres personajes existenciales* (Barcelona: Hispamérica, 1975), *Baroja: el lirismo de tono menor* (Nueva York: Torres, 1976), *De Mío Cid a Alfonso Reyes. Perspectivas críticas* (Nueva York: Senda Nueva, 1981). Es autor de un libro de cuentos: *Trece relatos sombríos* (N.Y.: Senda Nueva, 1978) y de dos poemarios: *Exilio interior* (San Bernardino: Artizar, 1981) y *Como el eco de un silencio* (N.Y.: Senda Nueva, 1983). Ha escrito una novela inédita titulada *De donde viene el viento*.

RITA GEADA nació el 7 de septiembre de 1937 en la ciudad de Pinar del Río, Cuba. Salió de Cuba en 1961 y después de una estancia en Buenos Aires llegó a los Estados Unidos en 1963. Actualmente ejerce como Profesora de español en Southern Connecticut State University. Su primer poemario, *Desvelado silencio*, apareció en Cuba en 1959. Después ha publicado los poemarios siguientes: *Pulsar del alba (Ao romper da Aurora* (Lisboa: Panorámica Luso-Hispánica, 1963), *Cuando cantan las pisadas* (Buenos Aires: Americalée, 1967), *Mascarada* (Barcelona: Nudo al alba-Carabela, 1970) y *Vertizonte* (Madrid-Miami: Hispanova, 1977). Sus ensayos de crítica literaria han aparecido en varias revistas de los Estados Unidos y del extranjero.

LUIS F. GONZALEZ-CRUZ, nacido en Cárdenas, Cuba, el 11 de diciembre de 1943, es profesor de español en Penn State University. Reside en los Estados Unidos desde 1965. Sus publicaciones incluyen numerosos artículos y libros sobre la obra poética de Pablo Neruda. Entre los más importantes se encuentran: *Pablo Neruda y el "Memorial de Isla Negra"*. *Integración de la visión poética* (Miami: Universal, 1972), *Pablo Neruda, César Vallejo y Federico García Lorca. Microcosmos poéticos*. (Estudios de interpretación crítica) (New York: Anaya-Las Américas, 1975) y *Neruda. De "Tentativa" a la totalidad* (New York: Las Américas, 1979). Sólo ha publicado un poemario, *Tirando al blanco/Shooting Gallery* (Miami: Universal, 1975). Su cuento "Lázaro volando" fue premiado por la *Revista Chicano Riqueña* y publicado en la antología *Latino Short Fiction* en 1980. Ha sido miembro del consejo editorial de *Latin American Literary Review, Mester* y *Caribe*.

JORGE GUITART es lingüista y profesor en el State University of New York en Buffalo desde 1973. Nació en La Habana, Cuba, el 15 de septiembre de 1937. Ha vivido en los Estados Unidos desde febrero de 1962. Su obra sobre temas lingüísticos es extensa. Es autor de *Markedness and a Cuban Dialect of Spanish* (Washington: Georgetown University Press, 1976) y de *La estructura fónica de la lengua castellana* (Barcelona: Ed. Anagrama, 1980, co-editado con Joaquín Roy). Desde 1980 edita una revista multilingüe de poesía titualada *Terra Poética*. Su poesía en español ha aparecido en *Punto Cardinal* (1969, 1970), *Envíos* (1972), *El Urogallo* (1975), *Caribe* (1976), *Kantil* (1977), *Contra Viento y Marea* (1978), y *Verbena* (1980). También ha publicado poemas en inglés.

ALINA HERNANDEZ nació en Bayamo, Cuba y reside actualmente en Elizabeth, New Jersey. El mar es el tema predominante en su poesía, siempre formando parte del paisaje cubano que la autora describe con sentimientos de fuerte nostalgia. Su poemario *Razón del mar* (Madrid: Playor, 1976) es una muestra de ese sentir de la autora. A algunas de sus poesías se les ha puesto música y se han convertido en canciones.

MAYA ISLAS nació en Cabaiguán, Las Villas, Cuba, el 12 de abril de 1947. Llegó a los Estados Unidos en 1965. Actualmente es consejera y profesora en Elizabeth Seton College en Yonkers, New York. También es directora del *Cuaderno Literario Palabras y Papel*. En 1978 recibió el premio Carabela de Plata en Poesía, Barcelona, España. Anteriormente, la Universidad de Maine le había otorgado el Premio Literario Sigma Delta Pi en 1975. Ha publicado dos poemarios: *Sola, desnuda, sin nombre* (New York: Editorial Mensaje, 1974) y *Sombras-Papel* (Barcelona: Ed. Rondas, 1978).

JOSE KOZER nació en La Habana el 28 de marzo de 1940. En 1960 llegó a los Estados Unidos. Actualmente ejerce como profesor universitario en Queens College, New York. Su obra poética es extensa y ha aparecido en diversas antologías y revistas. Ha publicado los siguientes poemarios: *Padres y otras profesiones* (New York: Ed. Villa Miseria, 1970), *De Chepén a La Habana* (New York: Ed. Bayú-Menorah, 1973), *Este judío de números y letras* (Tenerife: Ed. Nuestro Arte, 1975), *Y así tomaron posesión en las ciudades* (Barcelona: Ed. Ambito Literario, 1976), *La rueca de los semblantes* (León, España: Col. Provincia, 1978); *Jarrón de las abreviaturas* (México: Ed. Premia, 1980); *Antología breve* (Sto. Domingo: Ed. Luna Cabeza Caliente, 1981) y *Bajo este cien* (México: Fondo de Cultura Económica, 1983).

JULIO MATAS es Doctor en Derecho por la Universidad de La Habana y Doctor en Letras por la de Harvard. Nació en La Habana en 1931 y llegó a los Estados Unidos en 1965. Actualmente es Profesor de Literaturas Hispánicas en la Universidad de Pittsburgh. Ha sido actor y director de teatro y televisión. Sus trabajos han aparecido en la *Nueva Revista Cubana, Unión, Revista Iberoamericana, Nueva Revista de Filología Hispánica, Hispanic Review, Revista de Estudios Hispánicos, Insula, Mundos Artium, Estudios Cubanos, Exilio, Caribe, Consenso, Latin American Literary Review* y *Linden Lane Magazine.* Ya en Cuba había publicado un poemario, *Retrato de tiempo* (La Habana: Ucar García ed., 1958); un cuento, Catálogo de imprevistos (La Habana: Cuadernos Erre, ed. Revolución, 1963) y una obra de teatro, *La crónica y el suceso* (La Habana: Cuadernos Erre, ed. Revolución, 1964). En los Estados Unidos publica dos obras de crítica literaria: *Contra el honor, Las novelas normativas de Ramón Pérez de Ayala* (Madrid: Seminarios y Ediciones, 1974) y *La cuestión del género literario. Casos de las letras hispánicas* (Madrid: ed. Gredos, 1979). También en Miami aparece su libro de cuentos titulado *Erinia* (Miami: Universal, 1971). Su obra teatral "Ladies at Play" aparece en una antología en 1973.

MATIAS MONTES-HUIDOBRO ha publicado unos 60 o 70 ensayos en diversas revistas literarias en Cuba, Latinoamérica, Europa y Estados Unidos. Nació en Sagua La Grande el 26 de abril de 1931 y llegó a los Estados Unidos en 1961. Actualmente es profesor en la Universidad de Hawaii en Manoa. Es autor de las novelas *Desterrados al fuego* (México: Fondo de Cultura Económica, 1975) y *Segar a los muertos* (Miami: Universal, 1980). Su libro de cuentos titulado *La anunciación y otros cuentos cubanos* fue publicado en Madrid por la editorial Clemares (1967). También ha publicado un poemario titulado *La vaca de los ojos largos* (Honolulu: Mele, 1967) y una obra de teatro, *Ojos para no ver* (Miami: Universal, 1979). Su contribución a la crítica literaria incluye un ensayo sobre el teatro cubano titulado *Persona, vida y máscara en el teatro cubano* (Miami: Ed. Universal, 1975) y *XIX: Superficie y fondo en el estilo* (U. of North Carolina: Estudios de Hispanófila, 1971).

ANA ROSA NUÑEZ nació en La Habana el 11 de julio de 1926 y llegó a los Estados Unidos en mayo de 1965. En 1954 se graduó de la Universidad de La Habana como Doctora en Filosofía y Letras y Bibliotecaria. Desde 1966 trabaja como profesora y bibliotecaria referencista en la Universidad de Miami en Coral Gables, Florida. Su extensa obra poética ha aparecido en cientos de antologías y revistas. Ya en Cuba publicó sus primeros dos poemarios: *Un día en el verso 29* (La Habana: Atabex, 1959) y *Gabriela Mistral: amor que hirió* (La Habana: Atabez, 1960). Entre los poemarios publicados en los Estados Unidos se destacan *Las siete lunas de enero* (Cuadernos del Hombre Libre, 1967), *Loores a la palma real* (Universal, 1968), *Bando* (Armando Córdova, 1969), *Requiem para una isla* (Universal, 1970), *Viaje al cazabe* (Universal, 1970) y *Escamas del Caribe: haikus de Cuba* (Universal, 1971). Compila la antología titulada *Poesía en exodo: el exilio cubano en su poesía, 1959-1969* (Miami: Universal, 1970).

HUMBERTO J. PEÑA nació en La Habana en 1928. Actualmente reside en Charleston, West Virginia. Es autor de una novela titulada *El viaje más largo* y de un libro de cuentos, *Ya no habrá más domingos* (Miami: Universal, 1971). Se graduó de abogado en la Universidad de La Habana y vino a los Estados Unidos en 1961. Es profesor universitario de español.

JUANA ROSA PITA nació en la Habana, Cuba, el 8 de diciembre de 1939. Salió de la isla en 1961 dejando inconclusa la carrera de Filosofía y Letras. En 1976, junto al poeta argentino David Lagmanovich, fundó las Ediciones de poesía Solar. Con el sello Solar ha entregado los poemarios *Pan de sol* (1976), *Las cartas y las horas* (1977), *Mar entre rejas* (1977), *El arca de los sueños* (1978), *Eurídice en la fuente*

(1979) y *Viajes de Penélope* (1980). Con el sello Ambito Literario, de Barcelona, ha publicado *Manuel de Magia* (1979), primer finalista del premio de poesía en la Bienal del mismo año. Ha colaborado en revistas literarias de España y América. Su obra ha sido antologada y traducida al inglés y al alemán.

PURA DEL PRADO nació en Santiago de Cuba el 8 de diciembre de 1931 y reside en los Estados Unidos desde abril de 1958. Ya en Cuba habían aparecido sus primeros poemarios: *De codos en el arcoiris* (1953), *Canto a Martí* (1953), *Los sábados y Juan* (1953), *El río con sed* (1956) y *Canto a Santiago de Cuba y otros poemas* (1957). Después publica *La otra orilla* (Barcelona: Ed. Campos), *Otoño enamorado* (Madrid: Playor) y *Color de Orisha* (Barcelona: Ed. Medinacelli). De todos estos libros la autora ha hecho revisión y ha desechado casi la mitad de los poemas. Sin embargo, tiene una extensa obra inédita. Actualmente reside en Miami.

ELIANA RIVERO, nacida en Artemisa, Pinar del Río, hoy provincia de la Habana, el 7 de noviembre de 1942, es profesora en la Universidad de Arizona. Llegó a los Estados Unidos en 1961. Ha publicado dos poemarios: *De cal y arena* (Sevilla: Aldebarán, 1975) y *Cuerpos Breves* (Tucson: Scorpion Press, 1976). Su poesía también ha sido antologada en *Siete Poetas* (Tucson: Scorpion Press, 1978).

MIREYA ROBLES nació en Guantánamo, Oriente, Cuba, el 12 de marzo de 1934. Reside en los Estados Unidos desde 1957. Fue doctorada en Filosofía y Letras por la Universidad del Estado de Nueva York en Stony Brook. Diversas publicaciones de América y Europa han recogido sus trabajos. Ha recibido varios premios internacionales y ha sido finalista en los premios de poesía Juan Boscán, Diario de León y Ciudad de Barcelona (España). Ha publicado los siguientes poemarios: *Tiempo artesano* (Barcelona: Ed. Campos, 1973) y *En esta aurora* (Veracruz: Cuadernos del Caballo Verde, Universidad veracruzana, Xalapa, 1976). Tiene varias novelas inéditas, y varios libros de narraciones cortas también sin publicar. Actualmente reside en Sunnyside, New York.

ALBERTO ROMERO nació en La Habana el 30 de julio de 1937. En 1968 llega a New Jersey. Ya en 1966 su poemario *Parque de diversiones* había sido publicado por la UNEAC en Cuba. En 1978 aparece *Desde el pueblo donde vivo* (Hoboken: Ed. Contra Viento y Marea,

1978). También ha escrito cuentos que ya han sido antologados en los Estados Unidos. Reside en Hoboken, New Jersey. En la actualidad se encuentra casi retirado de las actividades literarias y dedicado al periodismo.

ENRIQUE SACERIO-GARI es profesor en el departamento de español en Bryn Mawr College en Pennsylvania. Nació en Sagua La Grande el 2 de agosto de 1945. Desde 1959 reside en los Estados Unidos. Además de numerosos artículos de crítica literaria, Sacerio-Garí ha publicado un poemario titulado *Poemas interreales* (Pennsylvania: Professive Typographers, 1981) y un poema-concreto, *Comunión* (Connecticut: R.H. Norton, 1976).

JOSE SANCHEZ-BOUDY nació en La Habana, Cuba, el 17 de octubre de 1928. Se graduó de abogado en la Universidad de la Habana en 1953 y de Dr. en Filosofía en la Universidad de Madrid más tarde. Es el primer hispanoamericano que es dos veces finalista del Premio Planeta. Ha cultivado todos los géneros literarios. Sus libros de crítica literaria incluyen estudios sobre Alejo Carpentier, César Andreu Iglesias, Lezama Lima, Flaubert, Baudelaire y la literatura cubana en el exilio. Compiló un diccionario de cubanismos. Entre sus obras de teatro se encuentran: *Homo Sapiens* (Zaragoza, 1971), *La soledad de la Playa Larga, Mañana Mariposa* (Zaragoza, 1971) y *La rebelión de las negras* (Barcelona, 1980). Es autor de una triología novelística titulada Las Novelas de la Crisis que comprende *Los Cruzados de la aurora* (Zaragoza, 1973), *Orbus Terrarum, La ciudad de Humanitas* (Zaragoza, 1974) y *Los sarracenos del ocaso* (Barcelona, 1977). También publica dos novelas en que cultiva el lenguaje de las clases populares cubanas en los Estados Unidos: *Lilayando* (Zaragoza, 1971) y *Lilayando Pal Tú* (Barcelona, 1978). Sus libros de cuentos incluyen: *Cuentos grises* (Barcelona, 1966), *Cuentos del hombre* (Barcelona, 1969), *Cuentos a luna llena* (Barcelona, 1977) y *Cuentos de la niñez* (Miami, 1983). Su poemario *Ritmo de solá (Aquí como alla)* es el primer poemario de poesía negra publicado en el exilio. Después ha publicado: *Crocante de maní* (Zaragoza, 1973), *Alegrías de coco* (Barcelona, 1970), *Ekué, Abanakué, Ekué* (Barcelona, 1977), *Aché, Babalú, Ayé* (Zaragoza, 1975) y *Leyendas de azúcar prieta* (Barcelona, 1977). Sus poemarios titulados *Poemas de otoño e invierno* (Barcelona, 1967), *Poemas del silencio* (Barcelona, 1969) y *Tiempo congelado (Poemario de un caimán ausente)* (1979) son libros de añoranza dedicados a Cuba.

OMAR TORRES nació en Victoria de las Tunas, Cuba en 1945. Ha cursado estudios de Literatura y Artes Plásticas en Queens College, Nueva York. Reside en esta última ciudad donde se dedica a escribir poesías y obras de teatro. Es también profesor de arte y actor. Entre sus poemarios se encuentran: *Conversación primera* (1975), *Ecos de un laberinto* (1976) y *Tiempo robado* (1978). Entre sus obras de teatro, una de ellas, *Cumbancha cubiche,* apareció en la televisión niuyorquina. Otras se han estrenado en prestigiosos festivales teatrales como el New York Shakespeare Festival Public Theater. Fue co-fundador del Centro Cultural Cubano de Nueva York y recibió la beca Cintas por literatura (1978-1979). Su sentir cubano, la experiencia del exilio y el ser escindido que anhela encontrarse a sí mismo son algunas de las constantes de su poesía. Todo esto aparece igualmente evidente en su novela *Apenas un bolero* (Miami: Universal, 1981) que combina la prosa narrativa con varios versos.

ANA ALOMA VELILLA es profesora de español en Regis College, Weston, Massachusetts. Nació en Ranchuelo, Las Villas, en 1926. Llegó a los Estados Unidos en 1960. Ha publicado un poemario titulado *Versos claros como el agua* (Buenos Aires: Ciupiak-Cantarelli, editores, 1962) y también un libro de cuentos, *Una luz en el camino* (Miami: Universal, 1976).

ENRIQUE J. VENTURA nació en Sagua la Grande, Cuba, el 10 de septiembre de 1933. En 1960 llega a los Estados Unidos. Su obra literaria incluye *25 poemas y un monólogo dramático* (1966), *Veinte cantos y una elegía* (1968) y *Raíces en el corazón* (1971). *Pancho Canoa y otros relatos* (Miami: Universal, 1973) es una colección de 18 cuentos. El dolor del que pierde su patria es el tema central de su literatura. Actualmente reside en la ciudad de Miami en la Florida.